藏書

珍藏版

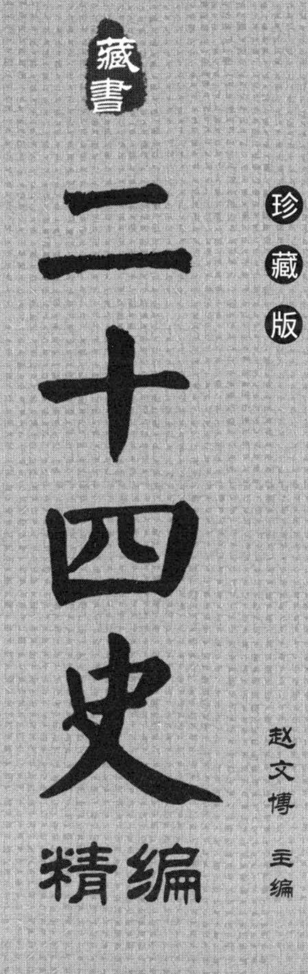

二十四史精编

赵文博 主编

陆

辽海出版社

目　录

新唐书

旧五代史

新五代史

宋　史

传世故事

武则天任酷吏以固其位

唐弘道元年（683），唐高宗李治死，太子李显即位，是为唐中宗。然而，根据高宗的遗诏，朝中军国大事都得取决于皇太后武则天。中宗即位后，委任岳父即韦皇后的父亲韦玄贞为豫州刺史；不久，又想提拔韦玄贞为侍中，并授乳母的儿子五品官。顾命大臣中书令裴炎极力劝阻，中宗恼怒，说道："我就是把天下都送给韦玄贞，又有什么不行！一个区区侍中，有什么大不了的。"裴炎一听皇帝想把江山送给外姓，大为惊恐，连忙报告给武则天。武则天更加恼火，下令废中宗为庐陵王。中宗被扶下殿时，不服地问道："我犯了什么罪?"武则天怒道："您要把天下送给韦玄贞，怎么没罪!"中宗被废后，武则天立豫王李旦为帝，是为唐睿宗。睿宗名为皇帝，其实另居别殿，不得干预政事，朝政还是由武则天说了算。

当时，有几名禁卫军官曾随裴炎等逼宫，但事后未得赏赐，因此他们在一起喝酒时，其中一人发牢骚道："早知道没有赏赐，还不如拥戴庐陵王。”其中另有个人借口离席，跑到玄武门告了密。结果酒席未散，这几个军官都被抓了起来。发牢骚的被斩首，其余的知情不举，均处以绞刑，只有告密的那个人反受五品官的封赏。此事为有唐一代告密之风的开端。

皇太后武则天临朝听政不到三个月便遇此事，着实觉得人心不古。半年之后，徐敬业又起兵扬州，自号匡复府上将，散布檄文，声讨武则天。武则天派军队用了两个多月时间才平定了徐敬业的反乱。这一事件，对武则天的震动很大，她疑心天下人都在图谋危害自己，很想“周知人间事”，防患于未然。垂拱二年（686）三月，侍御史鱼承晔之子鱼保家在徐敬业举兵叛乱时，曾帮他修造兵器。徐敬业兵败，鱼保家侥幸免受牵连。当得知武则天的怀疑心理后，他便上书请铸铜为匭（guǐ），以便接收天下的密奏。武则天认为是个办法，就命他造出来，放置在朝堂上。

所谓“铜匭”，形如大方鼎，腹内隔成四个空间。四面分别涂成青、红、白、黑四色，各面开有可投入函件的孔窍。东面的称“延恩匭”，专装呈献的赋颂及求官的表状；南面的称“招谏匭”，专装评论时政得失及直言谏诤的表状；西面的称“申冤匭”，专装含冤受屈者申诉的表状；北面的称“通玄匭”，专装上言天象灾变及军机秘计的表状。武则天还命中书省委派一名官员为知匭使，专门负责监管铜匭。设匭之后，投赋献颂之类的函件倒不怎么多，揭发阴私的却屡见不鲜。负责造匭的鱼保家不久即因匦中的一函揭发他曾“为敬业作兵器，杀伤官军甚众”，而被处以了死刑。

武则天不仅以铜匦收集密告信函，她还为所有的告密者提供各种方便条件和优厚待遇。凡是赴京专程告密的，各级官员一律不准过问告密的内容，并且还得供给他们驿马和五品官的膳食，招待他们住入客馆。不管是种地的还是打柴的，武则天都一律召见。告密者所言合乎心意，武则天则予以破格提拔；所言无实，也不予追究责任。这样一来“四方告密者蜂起”，搞得朝野内外人人慌慌。

胡人索元礼投武则天所好，借告密之机得到武则天的召见，并被任为游击将军，负责审案断狱。他生性残忍，常以酷刑令犯人屈打成招，由一人胡乱咬出几十几百人。武则天认为他很得力，屡次召见赐赏，给他撑腰打气。周兴、来俊臣等酷吏纷纷效尤，他们相互勾结，私下豢养数百无赖，“专以告密为事”。他们想陷害哪一个人，就让无赖们从几个地方一起告密，一起揭发同一内容。来俊臣还与司刑评事万国俊共同编撰《告密罗织经》一卷，教给党羽罗织罪名、构陷忠良的方法。因被告密而枉遭杀害的人不可胜数，以致“海内慑惧，道路以目”。武则天就是凭借这种恐怖手段，渐渐巩固了自己的地位。

（《旧唐书·刑法志》等）

唐太宗以臣为镜

魏征，字玄成，钜鹿曲城人。有大志，好读书，无所不通，尤善纵横之说。归唐以后，先事皇太子李建成为臣。他见秦王李世民所立功勋越来越多，声望日高，已经对太子地位构成了威胁，便劝李建成先下手为强，赶快除掉李世民。等李建成在玄武门之变中被诛后，李世民找来魏征，对他说道：“你为什么要离间我们兄弟？”他回答道：“皇太子如果听取我的意见，肯定不会有今日之祸。”李世民向来器重他的才干，又见他答话坦直，便没有怪罪他，还推荐他任詹事主簿。

唐高祖传位给李世民，是为唐太宗。太宗又提拔魏征为谏议大夫，封钜鹿县男。当时，太宗刚刚即位，励精图治，很想有一番作为。他屡次把魏征叫到内室，虚心求教治国之道。魏征喜逢知己之主，知无不言，先后陈言进谏二百余事。太宗以其“至诚奉国”升其为尚书左丞。后来太宗曾因有人诬告魏征结党营私而调查他，查证无实，太宗感到后悔，魏正便诚恳地进言道：“希望陛下使臣成为良臣，不要使臣成为忠臣。”太宗奇怪地问道：“忠臣与良臣有什么差异吗？”魏征答道：“所谓良臣，就是稷、契、咎陶一类的人；所谓忠臣，就是龙逢、比干一类的人。良臣使自己获得美名，使君主荣受显号，子子孙孙永受福禄。忠臣则身被诛杀，使君主陷于大恶，国破家亡，只留有个虚名。所，良臣与忠臣的差异实在太大了。”太宗觉得很有道理，就赏赐以五百匹绢。

贞观二年（628），太宗任魏征为秘书监，让他参预朝政。他为官公正，禀性抗直，天子有过则谏，无所屈挠。一次，太宗在丹霄楼宴请群臣，酒饮至兴头上时，太宗对长孙无忌说道：“魏征以前在李建成手下任职，尽心尽力，当时确实非常可恶。我能不计前嫌地提拔任用他，一直到今天，可以说我无愧于古人。然而魏征每次劝谏我，当不赞成我的意见时，我说话，他就默然不应。他这样做，未免欠于礼貌了吧?”长孙无忌说道：“臣子认为事不可行，才进行陈说；如果不赞同而附合，那恐怕给陛下造成其事可行的印象。”太宗说道：“可以当时随声附合一下，然后再另找机会陈说劝谏，这样做，君臣双方不就都有面子了吗?”魏征从旁接口道：“舜告诫群臣道：你们不要当面附合，背后却又说三道四。如果为臣当面附合陛下，退后又啧有烦言，那怎么能做到像稷、契侍奉尧、舜一样侍奉陛下呢?”太宗大笑道：“别人都说魏征你举止疏狂简慢，我却觉得你妩媚，就是因为你这一点哪。”

贞观七年（633），太宗命魏征出任侍中后又加其左光禄大夫，进封郑国公。魏征认为自己无功于国，只凭进谏而参预军政机要，担心位极生祸，便以目疾为由请求去职。太宗却挽留道：“我从仇敌中把您选拔出来，委任您居要职显位。您见我有错误之处，未尝不加谏止。您没见山中的金矿石吗？当它为矿石时，何足珍贵！当能工巧匠把它冶炼后制成器物时，才被人视为珍宝。我就好比金矿石，把您当作能工巧匠。您虽有眼疾，但并未衰老，怎么能提出去职呢?”后经魏征一再当面请求，太宗才改拜他为特进；贞观十六年（624），又拜他为太子太师。

贞观十七年，六十四岁的魏征死去。太宗如丧股肱，亲自为他哭灵，中止上朝听政五天。并且为他亲笔书写了碑文。太宗曾对群臣说道：“夫以铜为镜，可以正衣冠；以古为镜，可以知兴替；以人为镜，可以明得失。朕常保此三镜，以防己过。今魏征殂逝，遂亡一镜矣。”

（《旧唐书·魏征传》）

唐太宗悔责诤臣

王珪，字叔玠，清心寡欲，品行端正，刚直不阿。隋末，因被人举荐，唐高祖任其为世子府咨议参军。世子李建成被立为东宫太子时，王珪出任太子中舍人，很快又转任中允。玄武门之变后，王珪由于与李建成的关系而受株连，被流放到巂州。

贞观元年（627），唐太宗李世民即位。他早知王珪很有才干，就不计前嫌，召回王珪，拜为谏议大夫。一次，太宗临朝，对侍臣们说道：“正直的君主任用奸邪的臣子，是无法使天下大治的；正直的臣子侍奉奸邪的君主，同样也无法使天下大治。

只有君臣相遇，如同鱼水一般和谐，海内才可安定，天下才能大治。从前汉高祖不过是个乡下佬，提三尺剑夺得天下后，却经营有方，规模远大，流惠于子孙。探其原由，大概就在于他善于招揽和任用贤臣。我虽不敏，还望诸公多加匡正，以便凭借诸公的佳谋良策，使天下升平。”王珪当即答道：“臣听说，木材按照绳墨割锯才会正直，君王采纳臣下谏言才会圣明。所以，古代的圣主身旁必有七位诤臣，他们言而不从，则继续以死相谏。陛下开明圣哲，欲纳草民的意见，为臣身处广开贤路之朝，当然愿意竭诚尽忠。”太宗听了觉得受用非浅，就规定三品以上的显官入朝时必须有谏官在侧。他也确实多次从谏如流，王珪更是有过必规，见缺必劝。

然而，并不是每次劝谏听起来都像歌功颂德那样入耳。一次，太常少卿祖孝孙因为教授宫人声乐不合太宗的心意，太宗大发脾气，狠狠地责骂了祖孝孙一顿。王珪、温彦博认为责任不在祖孝孙，便劝谏太宗道：“祖孝孙精通音律，教授时也并非不尽心。只怕陛下询问的那个人欺骗了陛下。况且祖孝孙是位雅士，陛下忽略了这一点，让他教授女乐，而且还怪罪他，臣等担心天下人都会为此感到惊怕。”太宗一听，火上心头，喝斥道：“你们都是我的心腹，本当进忠献直，怎么竟附下罔上，替祖孝孙说起话来！”温彦博赶忙拜伏谢罪，而王珪偏偏不拜，说道：“臣前侍奉东宫太子，罪已当死，陛下宽恕了为臣，并让为臣处在显要职位，要求臣尽忠职守。今天臣所进言不是为了自身，不料陛下陡起疑心，讥诮为臣。这是陛下对不起臣，不是臣对不起陛下。”太宗听了，没说话。

第二天，太宗对房玄龄说道：“自古以来，帝王是很难做到采纳谏言的。周武王尚且不用伯夷、叔齐之言，宣王是位贤主，可杜伯竟以无罪被杀。我一直希望则法从前的圣主，只恨自己不能达到古人的水平。昨天，我责备了王珪和温彦博，对此我颇感后悔。希望你们不要因此而不进直言哪！”

（《旧唐书·王珪等传》）

韦陟用人察人之术

韦陟，字殷卿。历代为关中大姓，世代传家，很有声望。其父韦安石，在武则天时官至宰相。韦安石晚年为并州司马，才生下韦陟，及其弟韦斌。二人小时候都聪颖过人，极受器重。韦陟自小就风度翩翩，整洁冷峻，独立不群，韦安石格外喜欢他。韦陟十岁时就会做文章，文采卓越，又善于隶书，辞人、秀士都在他身边酬唱郊游。开元初，韦陟之父安石死，他从此足不出户，八年间与弟斌相互勉励，探讨典籍，刻苦用功，文章在当时很负盛名。当时才子王维、崔颢、卢象等人常与韦陟唱和游处，有人感叹说：“盛德遗范，都集中在他身上了。”韦陟做洛阳令，后转为吏部郎中。张九龄当时是一代名相，也是一代文豪，正在做中书令，便引用韦陟为中书舍人（掌起草诏

令、侍从、宣旨、劳问、接纳上奏文表，兼管中书省事务），与陆逖（tì）、梁涉等共同掌管文书诰令，为时人传为佳谈。

后来韦陟又升迁为礼部侍郎。他喜欢结交后辈，尤其喜欢以文章度人，文章做得好的即使是晚辈，也无不熟识而与之有交。以前主持科场取人的，大都凭一场考试的优劣，登录考者的科目，不能完全展示应试者的才能。韦陟主考，先考察平时所作文章，让诗人们自己报上各自所擅长的诗笔，先对此考试一天，知道他们的长处和短处，然后才按照常规的程序考核。这样下来，一个有才的人也不会遗漏，人们都称赞他的做法。后来他做了吏部侍郎，经常指责过去选人时名不副实，官阙位置太少，取到有才能者十分困难，真正有才能的人被排挤出去，而无才能的人反而纷纷得以冒进。他嫉恶如仇，性格刚毅直率，作风严正。选人时惟恐有假冒之才，就按声音一一盘诘，他所选的没有一个是不合格的人才。他每年都要争取数百个空阙官位，用以安排那些被淹滞而没有录取的人。他常对亲近的人说："如让我连续一两年掌管察铨选人的事，那么天下就会无人可选了。"

韦陟平时在自己宅第中察人用人也很有条理。他出身名门，豪华阔绰，其中侍人阉阍，就有数十人，衣、书、药、食，平时都有专人分管，而车马奴僮，简直可以与王室规模相比。他自以为才华人物都很出众，不费丝毫力气就得到三公之衔，很有些豪贵气象，因而善于发掘接受后来新秀，他的同僚朝官都不如他。一旦他发现有担当道义的人，无论贵贱，都会虚席赤脚，热情地去迎接他，所以人们都还尊重他。

（《旧唐书·韦安石传》）

偏用宦官　以致动乱

鱼朝恩，唐朝天宝年间以宦官身份进入内侍省（管理宫廷内部事务的机构），开始做品级官时，是给事黄门（执掌诏令，备皇帝顾问）。鱼朝恩狡诈内敛，善于表现和对答辞令，而且稍通文书和计算。

安史之乱中，肃宗即位，宦官们干预朝政。至德年间，肃宗常令鱼朝恩到外地去监督军事。九个节度使在相州（今河北河南二省交界）共同讨伐安庆绪（安禄山之子）时，朝廷没有统帅，只以鱼朝恩为观军容宣慰处置使的身份督战。观军容使这个官名，就是从鱼朝恩开始的。后来因功劳大而累官加左监门卫大将军，专掌管宫殿门禁及守卫之事。

当时郭子仪因平定安史之乱而屡立大功，当时没有比他声望更高的。鱼朝恩嫉妒他功劳太大，就多次派间谍去窥探他的情况，但郭子仪对皇帝全心全意，毫不介意他这些小动作。唐肃宗也英明，能够体察郭子仪的忠心，所以鱼朝恩的挑拨离间付之流水。

自相州大败之后，史思明的叛军又攻陷黄河洛阳，鱼朝恩

常统帅皇宫禁卫军镇守关中，以安定东方人心。

唐肃宗死后，代宗即位，广德元年（763）西部吐蕃兵入犯京郊，代宗逃到陕州（今河南西），当时禁卫军无法集中，难以征召，到了华阴，鱼朝恩才率大军来迎奉皇帝，于是六军才振作协力抗敌。由此之后，鱼朝恩更加宠溺，改为天下观军容宣慰处置使，负责全国的军事监督。当时四方叛乱还未安定，军政事务繁重紧迫，皇帝用人之际特别恩重功勋之臣。鱼朝恩统帅神策军扈从代宗，后来神策军及其它扈从军队都归鱼朝恩统辖。他出入禁中，从皇帝那里获得的赏赐无以计数。

后来鱼朝恩恃功自傲，握军权自固，渐渐权倾朝野。

（《旧唐书·宦官列传》）

李世民临事用人

刘文静，字肇仁。身材伟岸而有风度，任事能干，倜傥而有谋略。隋朝末年，做晋阳（今太原）的地方官，当时裴寂做晋阳宫的监守，从此二人结为朋友。有次夜晚二人同宿，裴寂仰望城墙上的烽火，感叹说："我们的地位卑贱之极，家中毫无积蓄，现在天下大乱，该怎么办啊?"刘文静笑着说："世道既然如此，天下大事便可见分晓了。只要我们二人联手，还怕什么身份卑贱呢?"

到李渊镇守太原时，刘文静观察到他有起兵统一四方的远大志向，就去结交他。他又观察李世民，对裴寂说："这个人不是常人，他像汉高祖刘邦那样大度，像魏太祖曹操神武，尽管现在年轻，实在是上天的安排啊。"裴寂起初不以为然。

后来刘文静因与李密联姻而被连坐判罪，隋炀帝命令把他押入狱中。李世民认为刘文静可以作为谋议之臣，就入狱中探视他，刘文静大喜说："现在天下大乱，非要有成汤、周武王、汉高祖、光武帝那样的才略之人，才能安定天下。"李世民说："你怎么知道没有呢？只是恐怕平常之人不能识别而已。今天我入禁中探看你，并非为儿女私情。时事如此，专程来与你商议举兵起义的大计，请帮助仔细筹划此事。"刘文静说："现在李密长期围困洛邑，皇帝奔到淮南，大贼占领州郡，小盗占领山泽，数以万计，只须要强干的领袖领导他们，如果能顺天应人，举旗大呼，则四海响应。今天太原一带百姓为避盗贼，都入集城中，我做地方官数年，知道只要啸聚起来，这其中可得豪杰十万人。尊公（李渊）所领的兵又有数万人，只要他一发令，谁敢不服从？这两部人合起来乘虚入关，号令天下，不到半年，就可成就帝王之业。"李世民大笑说："正合我意。"

于是李世民部署安排人马，暗暗准备起义，时机将要成熟，高祖李渊还犹豫不决。刘文静见裴寂与李渊交情深厚，想让裴寂劝说李渊，就把裴寂引荐给李世民。李世民在博戏场上设计满足了裴寂，紧紧地抓住裴寂，通过裴寂去劝说李渊起兵。

等到高君雅被突厥人打败，李渊被捕，李世民又派刘文静

和裴寂去劝他起义，说：“《易》称‘知几其神乎’，现在大乱已发生，公处于被嫌疑的境地，怎么保全性命？副将打了败仗，上头责罪，事情如此紧迫，应当早作计议。晋阳这地方，兵马精壮，官家宫监中物资充足，靠着这些起兵，可成大业。关中代宗年幼，权豪并起，无所适从。希望公举兵西入，以图大事，不比在这里做囚徒强吗？”李渊认为有理。

李世民暗地里组织壮勇之人，与刘文静等商议，准备马上起义，恰巧李渊又被放了回来，就暂时停止下来。李世民又命令刘文静伪称隋炀帝的诏令，让太原、河西、雁门、马邑等地二十岁以上五十岁以下的人全都充军，年底在涿郡集合，准备征伐辽东。这样，人心大乱，渴望动乱的人更多了。刘文静便对裴寂说：“你难道没听说过‘先发者制人，后发者制于人’吗？唐公（李渊）名字正与图谶（chèn）迷信相验合，天下人人尽知，为什么还要拖延，自找祸害。应该劝唐公尽早顺时起兵。”又威胁裴寂说：“况且你为宫监，以官人身份与唐公往来，你死了倒无所谓，为什么要误了唐公性命呢？”裴寂惧怕，就加紧劝促李渊起兵。

于是李渊起兵。李渊开大将军府，以刘文静做军司马。

（《旧唐书·刘文静传》）

徐有功宽仁审案

武则天时著名的司法官员徐有功，长期担任司刑丞、秋官员外郎、郎中等职。当时，周兴、来俊臣、丘神绩等一批酷吏，大肆陷害无辜，残酷杀戮，朝廷内外，上下震恐，无人敢正言抗论。徐有功却能以宽仁、平恕的态度对待审案工作，经他的手救活了不少遭受奇冤的官绅士庶。

润州刺史窦孝谌，是高宗与武则天的儿子相王李旦的岳父。长寿二年，武则天利用巫术秘密诅咒的罪名，杀了包括窦氏在内的相王的两个妃子。同时又陷害窦妃的母亲庞氏，说她晚上祀神祈福，是与女儿窦妃串通一气，犯了“咒诅不道”之罪。武则天命给事中薛季昶审讯此事。薛季昶秉承意旨，罗织罪名，枉法诬陷，判定庞氏死刑。

这时，担任左台侍御史的徐有功挺身而出为庞氏辩护，说庞氏是无罪受诬。他的行为惹恼了薛季昶等人，他们反转过来攻击徐有功是“恶逆”同党，袒护逆犯，并奏报武则天，请求将徐有功交付审讯、斩首示众。

当下属流着眼泪将这个可怕的情况转告徐有功的时候，他正在专心处理公务。他没有一点恐惧的神色，只是平静不屑地说道：“难道只有我一个人会死，他们一伙就能永远活着?”说罢便慢慢地、从容地回家去了。

武则天看到薛季昶等人的奏疏后，把徐有功召来问道：“你一向审案、断案，有罪不判、或重罪轻判的情况，为何那么多?”徐有功回答说：“有罪不判或重罪轻判，不过是作臣的小过失，而爱护百姓生灵，则是圣上的大仁大德。臣但愿陛下光大仁政德政，这样天下百姓就受惠无穷了。”武则天皇帝一时无话可说，慢慢地消了气，庞氏由此获得免死的宽大处理，被流放到岭南。但徐有功也受到了惩罚，他被削职除名，贬为庶人。不过，武则天不失为一个有器量的君主，不久又起用徐有功为左司郎中，又升司刑少卿。

徐有功常说：“身为执法官员，掌管着人命攸关的大事，绝不能逢迎君主或权臣旨意，不能陷人于罪，以换取个人的侥幸免祸。”从前，他就曾经为凤阁侍郎任知左、冬官尚书裴行本的被诬案，以及道州刺史李仁褒兄弟的被诬案，在殿廷论奏曲直，愤起力争，几经论死、免官，而矢志不渝。当时人把他比拟为西汉时执法严正的名臣张释之、于定国。人们说：“倘若执法官员都能这样，天下定能太平，刑法就可以搁置不用了。”

（《旧唐书·徐有功传》）

李世民迎战窦建德

公元621三月，秦王李世民率军围攻王世充于洛阳，王世充困守孤城，已陷入绝境，不得已而请求夏王窦建德发兵援救。

窦建德消灭隋将薛世雄部三万余人，声威大振，攻取了河北的大部郡县，成为北方势力颇强的割据军阀。武德元年（618），窦建德建夏国，自称夏王，建都乐寿，年号五凤。

唐军在击败刘武周、梁师都后，兵锋又指向盘踞在洛阳称帝的王世充，并迅速使王世充陷入了绝境。很明显，王世充被消灭掉后，下一步唐军的攻击对象便会轮到窦建德，因此，为自身计，窦建德决定出兵援救王世充，乃亲率文武百官统大军十余万，号称三十万，西进以救洛阳。

就在洛阳城旦夕可下之际，局势突变，李世民急招众将商议对策。众将皆以窦建德来势凶猛，势不可当，建议率军避之。唯有宋州刺史郭孝恪建议李世民率军进击窦建德，他说："世充日蹙月迫，力尽计穷，悬首面缚，翘足可待。建德远来助虐，粮运阻绝，此是天丧之时，请固武牢，屯军汜水，随机应变，则易为克殄"。

关键时刻，郭孝恪之言对战争的进程和结果起了重大作用。

李世民深以为然，因此决定迎战窦建德。记室薛收又献策道："世充保据东都，府库充实，所将之兵，皆江南精锐，即日之患但乏粮耳。以是之故，为我所持，求战不得，守则难久。建德亲率大众，前来救援，亦当极其精锐。若纵之至此，两寇合从，转河北之粟以馈洛阳，则战争方始，偃兵无日，混一之期，殊未有涯也。今宜分兵守洛阳，深沟高垒，世充出兵，慎勿与战，大王亲帅骁锐，先据成皋，厉兵训士，以待其至，以逸待劳，决可克也。建德既破，世充自下，不过二旬，两主就缚矣！"

作为一个三军统帅，可贵之处即在于集思广益，从善如流，以避免刚愎自专之弊。而更为难得者，即在于能在众说纷纭之际，选定制胜之计，这需要有非凡的见识和英明果断的决策能力，亦即普鲁士著名军事学家克劳塞维茨所说的“综合决策能力”。

李世民无疑具备这种“综合决策能力”。他力排众议，于三月二十八日率三千五百士兵占据虎牢。翌日，又率骑兵五百东出虎牢关，侦察窦建德大军的动向。

出关后，李世民留大将李世蹟、程咬金、秦琼率骑兵伏于道旁，他则与尉迟恭等三骑继续前进。李世民颇为自负地对尉迟恭道：“我执弓矢，你持槊跟随，即使窦建德有百万之众，也不能奈何于我!”

离窦建德部还有三里之遥，窦建德之巡逻兵以为他们四人是唐军密探，欲驰来擒拿，李世民大声道：“我秦王也!”并搭箭上弦，箭似流星，射死窦军一个小头目，因此窦军大惊。窦建德听说李世民仅率三人送上门来，急遣铁骑五六千追之。李世民见敌军蜂拥而至，不慌不忙，令二骑先退，他与尉迟恭按辔徐行，待窦军骑将靠近，忽然回身一箭，即将其射死。窦军大惧，不敢急追，李世民遂与尉迟恭悠然而退。窦军继续追来，李世民回头发出一箭，又射死一人，吓得窦军追而复止。即而又追，李世民又射死一人，如是再三，李世民与尉迟恭杀死了十余人，遂将窦军引至伏击圈内。

李世蹟等率五百骑兵正埋伏于虎牢隘道两旁，见李世民与尉迟恭将敌兵诱来，马上率军突起，两面袭击，大破之，斩首三百余级。窦建德之骁将殷秋、石瓒竟被生擒。

李世民仅以五百骑兵作为伏兵，即击败十倍于己的敌军，可谓战争史上的奇迹。而李世民作为三军统帅，竟率三人亲至敌营诱敌，凭着高强的武艺和超凡的胆略，将敌兵一举击败，尤为奇中之奇，李世民之文武兼资、智勇双全亦可概见。

此战是虎牢关大战前的一个序幕。李世民原想先侦察一下敌情，令李世蹦等伏于道旁，不过是为了以防万一。五百骑兵竟击破窦建德的五千多精骑，乃是唐军的一次意外大捷。此战后，唐军因之振奋，窦军为之丧胆，其胜负亦可预见矣！

李世民平定天下诸战中，曾多次仅率数骑闯敌阵、入敌营以察其虚实，因其武艺非凡，每每均能化险为夷。其坐骑在混乱被敌兵杀死、杀伤多匹，而李世民竟未受丝毫损伤，亦是一大奇事。

即使如此，客观来说，作为一个三军统帅，轻身犯险，并不足取。

（《旧唐书·太宗纪》、《旧唐书·窦建德传》）

唐灭东突厥碛口之战

唐太宗贞观四年正月，兵部尚书李靖兼任定襄道行军总管，率三千骑兵夜袭定襄大破突厥军，颉利可汗乃率残部数万人逃

往铁山。

颉利可汗是时十分窘迫，为了避免唐军继续攻击，他派大将执失思力至长安面见唐太宗李世民，表示愿举国归附，他则愿亲自到长安向李世民请罪。

李世民乃派鸿胪卿唐俭为使者，随执失思力到铁山抚慰突厥部众，与颉利可汗面缔和约。同时诏令李靖派兵迎颉利可汗入朝。

而颉利可汗要求与唐讲和，仅是缓兵之计。他想拖延时间，等春末夏初，草青马肥，再率突厥部众逃至漠北积聚实力。

李靖此时与李世蹚合兵驻扎于白道，两人商议道：“颉利虽败，其众犹盛。若走度碛北，保依九姓，道阻且远，追之难及。今诏使至彼，虏必自宽，若选精骑一万，赍二十日粮往袭之，不战可擒矣！”

二人计议已定，便告诉了副总管张公瑾。张公瑾说：“皇上已下诏书，允许突厥投降，我朝使者正在其营，为何偏要袭击之?”李靖道：“这正是韩信破齐的战术。唐俭之辈，有何足惜!”遂亲率精骑一万，携带二十天的干粮，连夜出发，急趋阴山之北。

李世蹚率大军随后进发。

李靖的一万奇兵至阴山后，路遇突厥骑兵千余，即全部俘虏之，继续北进。

唐使唐俭至颉利可汗的军营中后，颉利大喜，以为和约将成，唐军不会再继续进攻了，故对唐军不再防范。

李靖率军将至颉利的营地时，派部将苏定方率二百骑兵为前锋，乘雾而进，神不知鬼不觉地靠近突厥牙帐。突然，阳光普照，大雾尽散，突厥这才发现唐兵已至。苏定方不等突厥兵回过神来，马上率领二百勇士疾驰击之，掩杀近百人，突厥兵大乱相失，四散奔逃。颉利没想到唐军竟在李世民允许与他讲和的时候发动突然袭击，匆忙之间，难以集合兵力抵抗，只得与其妻、隋义成公主狼狈逃走。

李靖率军继至，追亡逐北，斩杀突厥兵数万。战乱中，隋义成公主亦被杀，颉利可汗之子叠罗施被俘。

颉利率残兵败将万余人欲过碛口逃入漠北，又遭到了李世蹚军的拦截追击，颉利部诸酋长皆降，颉利可汗乘千里马投奔居于灵州一带的突厥小可汗苏尼失。

李靖、李世蹚大获全胜，俘获突厥男女十五万余口，牲畜数十万头，自阴山北至大漠，皆被唐军控制。

唐大同道行军总管、任城王李道宗闻知颉利可汗投奔苏尼失部，立即率军自灵州掩至苏尼失营，逼苏尼失交出颉利可汗。颉利可汗大惧，率亲信数人夜逃，藏匿于荒谷之中。苏尼失惧唐军来攻，派兵追寻颉利可汗，将他抓获，送至唐军营中。副总管张宝相遂押颉利可汗至长安。

苏尼失本是颉利可汗所立的小可汗，督其部五万家建牙于灵州西北。及颉利兵败，苏尼失自忖无法抵御唐军，乃举众

投降。

李世民派李靖、李世勣征讨突厥之役，干净利索，一举消除了北方的边患，唐之疆域也大为扩展。太上皇李渊听说颉利可汗被唐军活捉，想到以前曾向突厥称臣，不禁感慨万千，高兴地说："汉高祖困于白登，不能报仇。而今我儿子能灭突厥，报了我向突厥称臣之辱，我托付得人，还有什么可担心的呢?"

（《旧唐书·李靖传》、《新唐书·突厥传》）

杨炎立两税法为国聚财

唐代税收主要的有租、庸、调三种形式。租是田赋，是国家征收的土地税，多以谷物的形式体现；庸是代替劳役的的费用，多以钱的形式体现；调是按人口征收的费用，大多是实物形式。

可见，租庸调的征收，是以户籍为基础的。可是，玄宗时代，户籍制度疏于管理，不能随时反映出人口及土地的变动情况。特别是安史之乱以后，百姓走死逃亡，人口及土地的情况变化更大，而户籍却没有重新订正，户籍与实际的差别有天壤之别。原来的住户没有动的，只有百分之四五。而租赋的征收，却是根据那"老皇历"。还有，那些人口多、雇佣劳动力多的人家，又大多是富人，他们或者为官，或者为僧，都想方设法享受免出租赋的特权。因此，那些租税的负担，就大部分落到了贫苦农民的头上。例如，唐初规定，壮丁参军戍边的，免除六年的租和庸。然而玄宗时代，边境多战事，大部分戍边士卒战死无归。然而将领们为了邀功，士卒战死也不上报。所以，多数战死的士卒名字还保留在家乡的户籍上，正因此，他们死后还要交纳租赋。特别是天宝年间，王锷担任户籍使，按旧户口征税，凡是户口上有名的戍边士卒，除去免租赋的六年，其余的都要补交，结果很多人家要为已经战死的士卒补交三十年的租赋。这样，农民的负担极其沉重；而国家的收入却减少了，财政困难。

不仅如此，由于征收部门和征收方式的变化，赋税的负担越来越重。原来，各地的租赋由度支使征收，转运使运送。但安史之乱以后，在各地又设立了不少节度使、都团练使等等，也征收税赋。他们各自为政，乱立名目，谁也管不了。结果是朝廷管不了诸使，诸使管不了州郡，法制大乱。有些权臣、地方贪官污吏就乘机征收各种苛捐杂税。那些驻有重兵的地方，将军们更是随便巧立名目，任意提高自己的待遇。有时以向国家朝廷奉献为名向百姓征收钱物，征来以后，很多入了个人的私囊。那时，赋税的名目有上百种之多。那些本来已经作废的，他们还照收不误，有些收重了的项目，也不肯去掉。对于百姓来说，每旬每月都有人来向他们伸手征收税赋。那些贪贼枉法之徒，却可以从中获取数以亿计的赃贿。而给国家剩下部分的却没有多少了。

这种现象，从安史之乱开始，已经持续了近三十年，也没有人找到一个可行的办法来解决它。

德宗建中元年（780），宰相杨炎向德宗李适建议实行两税法，才使这个问题有了一个暂时的解决办法。

杨炎是凤翔（在今陕西省凤翔县附近）人，才貌双全，长须漂洒，身材伟岸。他文章也写得好，他为一个称为李楷的人写的碑文，流传很广，很多人能背诵。他还礼贤下士，人们都愿意在他的手下工作。他曾经官至吏部侍郎，后来受人牵连，被贬为道州司马。德宗继位后，作了宰相。

杨炎敢于直谏。唐朝初年，国家的收入都存入左藏库，每年四季都要向主管国家储备的太府卿报告库存数量。尚书台还要进行复核。这样互相牵制，漏洞较少。到第五琦担任度支盐铁使的时候，一些京师的高官时常越格支取，第五琦控制不住，便把各地租税全部存入大盈内库，这实际上是德宗的私库。第五琦这样作，皇帝用起来方便，当然高兴。此后延用下来。各个主管衙门对使用的情况一无所知。这内库是由宦官把持的，管这个事的宦官有三百多人，弊端很多。杨炎上任不久，就当着皇帝的面提出了这个问题。他说，财赋是国家最根本的东西，天下的稳定和发展全依赖于它。如果在管理这些财赋上稍有失误，就会引起混乱，甚至动摇天下。二十年来让宦官操纵国家的根本，多少盈亏，大臣们全不知道。这样，让他们如何管理天下大事？臣请仍旧把国家收入归于有关部门管理。这样才能根据财政情况，量入为出，并使国家稳定。

德宗很快就同意了杨炎的建议。下诏国家财赋仍旧归左藏库收藏，每年支取三五十万入大盈库。

这个建议虽然正确，但以前，因为他触及皇帝个人的利益，所以谁也不敢提。现在杨炎把它提出来了，并且得到了皇帝的批准。大家都觉得杨炎办成了一件难办的事。这使他本来就比较高的威信更高了。这也使他提出两税法有了比较好的基础。

两税法的主要内容，就是把租赋简化成户税和地税两种。户税不管身分，“户无主客”，按当前实有的人口计算，按每户的贫富划分成等级，然后按等级确定税额。而地税则以大历十四年（779）实际的土地数量为准。除了这两种赋税之外，任何人不得再征收其他赋税。此外，商人要由所在郡县征收三十分之一的税。“两税”的另一个含义是每年只在春秋两季征收两次。

两税法的实行，在一个时期内、一定程度上，在一定程度上减轻了农民的负担。更主要的是在没有增加赋税的情况下，增加了国家的收入。杨炎为安史之乱以后江河日下的唐王朝增加了收入，解决了一些财政困难。因此史书上称颂他“救时之弊，颇有佳声”。

当然，两税法不可能完全彻底地实行。不久以后，苛捐杂税又多了起来。

杨炎后来陷入官僚们争夺权利的争斗中。他挨过整，遭过

贬逐，也进行过无情地报复，“不顾公道”，整过别人。最后是两败俱伤，在他五十五岁那年被赐死。

（《旧唐书·杨炎传》等）

开元盛世

唐太宗李世民的才人武则天，后来又成了唐高宗李治的才人并爬到皇后的宝座。武则天有着很高的政治才能和权术手段，她先是与高宗平起平坐，继而在李治死后，先后把他的两个亲生儿子中宗李显和睿宗李旦赶下台，自己当起皇帝来，成了中国历史上唯一的一位女皇。武则天把唐朝的国号改称为大周，篡夺了唐朝的天下，让她娘家武氏的人控制了朝廷的大权。李氏皇朝的人和追随他们的人并不甘心，几经反复，终于在神龙元年（705 年），迫使武则天让位给唐中宗李显。从此唐朝的国号恢复。

可惜唐朝的天下并没有从此平静。中宗的韦皇后想走武则天的路，当第二个女皇，便在中宗景龙四年（710）毒死了中宗，想临朝听政。睿宗的三儿子临淄王李隆基在自己的姑母（武则天的女儿）太平公主的支持下起兵，诛杀了韦皇后和她的党羽，拥立自己的父亲睿宗复位，李隆基被立为太子。但太平公主也有自己的打算，与李隆基产生了很大的矛盾。延和元年（712），只当了两年皇帝的睿宗宣布退位，自称太上皇。太子李隆基便当上了皇帝，史称唐玄宗。第二年，太平公主又想废掉玄宗，李隆基便杀了太平公主。唐朝宫廷内部的政治动荡，从此才算慢慢地安定下来。“开元盛世”，也才有了出现的可能。

其实，“开元盛世”也是在前几代人建立的基础上出现的。“贞观之治”为唐朝的经济发展打下了良好的基础，而武则天尽管在政治上很残酷，但为了巩固自己的统治，在经济上也作了很多有益的事情。她对重视农业生产并取得成绩，使得“田畴垦辟，家有余粮”的地方官吏，给以奖励，而对政绩不佳，造成“户口流移”的，则给以处罚。她还主持编写了《兆人本业记》这部农书，对促进农业的发展也起了一定的作用。在她掌政期间，社会安定，户口增加。

武则天也做了不少妨害农业生产的事情，大修宫殿，大造佛寺，铸九鼎，用铜五十六万余斤，建“天枢”高一百零五尺，直径十二尺，买来的铜铁不够用，就到农村去收集农具。何况，她退位前后的争权斗争，对农业生产造成的危害就更大了。

李隆基就在这样的情况下当上了皇帝。他当即许诺“当与亿兆同此惟新”，要同百姓共同创造一个新的时代。并且，他也确实下了一番功夫。

武则天造的“天枢”，消耗了大量的铜铁，而这些铜铁又是农业手工业生产所必须的。玄宗在天宝二年（713）下令废

毁天枢，取其铜铁以充军国之用。

由于天下僧尼很多。这些僧尼不事生产，给社会造成了极大的浪费。因为僧尼不干重活，生活还有保障，所以很多人就躲到寺庙里，冒充僧尼。也是在天宝二年，玄宗批准了紫微令姚崇的建议，检查寺院，让那些冒充的僧尼还俗。仅这一次，就从寺庙里清除伪冒的僧尼二万多人。

玄宗还提倡节俭，认为厚葬之风“无益亡身，有损生业”，下令对各阶层人士的埋葬标准作出规定，节制奢糜之风，提倡简俭。还规定不得用金银制造葬器。有违犯者要对本人打一百板，如果地方长官不能举察，还要贬为远官。

在关中地区，有一条郑白渠，农民都仰赖它灌田。但那些王公权要之家，却在渠上随意筑坝拦水，使得农民无法充分利用这一水渠。玄宗下诏让京兆尹李元纮（hóng）把这些水坝全部平毁，百姓大受其利。

有一次，关中蝗灾，玄宗采纳了姚崇的建议，派人捕虫，大大减轻了灾害的程度。

他还派宇文融为劝农使，到各地去检查大户隐瞒的户口，查出八十多万户，让他们重新登记户口，还减免他们六年的租调，只是收一些税。但仅这一部分很轻的税，国家就多得了几百万贯的收入。

玄宗的这些措施，在一定程度上增加了农村的劳动力，增加了社会人口，提高了农民种田的积极性，因此促进了农业和手工业的发展。

开元十四年（726），全国在籍的户数达到七百零六万多户，人口为四千一百万。到了开元二十年，户数达到七百八十六万，增加八十万户，人口达到四千五百多万，增加了四百多万。到天宝十三年（754）户数达到九百万，人口达到五千二百万。

当时，社会也逐渐富庶起来，很多人家都有够用几年的存粮，国家仓库的粮食有时因为存放时间太久而腐烂。天宝八年国家储存的粮食达一亿石。物价也很稳定，两都（长安和洛阳）的米价始终在每斗十五文到二十文上下，而青州（在今山东、河北两省交界处一带）、齐郡（在今山东省济南市一带）的米价只有每石三、五文。绢价也保持在二百文左右。总之，社会上出现了中国封建社会里少有的升平景象，唐朝也达到了自己发展的鼎盛时期。

可惜的是，玄宗后来宠幸杨贵妃，朝政由李林甫、杨国忠这样一些奸佞之臣来操纵，终于酿成了安史之乱。唐朝的生产遭到严重破坏，生灵涂炭，国力大大衰落，一蹶不振。

（《旧唐书·玄宗纪》等）

大小欧阳书法

欧阳询，字信本，潭州临湘（今湖南长沙）人，唐代著名

书法大家。欧阳询的祖父是曾在南朝陈代任大司空的欧阳明。父亲欧阳纥，在陈朝任广州刺史，因谋反罪被朝廷诛杀。欧阳询差一点因父亲被处死，陈朝尚书令江总因是欧阳纥的旧友，便收养了欧阳询，并教他书法等。欧阳询绝顶聪明，读书一目数行，博览经史。到隋朝时，出仕为太常博士。唐高祖李渊还没有发迹时，欧阳询是他门下的宾客。待到李渊推翻隋朝统治，建立大唐，便任他官职，仕至给事中。

唐高祖武德七年（624），欧阳询与裴矩、陈叔达等奉旨撰修《艺文类聚》，共一百卷。而最主要的，欧阳询是唐代著名书法家，其书法初学王羲之，后变化其体，渐渐自成一家。《唐人书评》称他书法的特点是："若草里蛇惊，云间电发；又如金刚瞋目，力士挥拳。"史籍中称他的书法"笔力险劲，为一时之绝"。所以，当时人得其书信、文字之类，均将它当作书法的楷式。其书名甚至一直传到朝鲜等国，他们曾专门派使者来求欧阳询的书法。

尽管欧阳询寿至八十，但他死时，其子欧阳通却年龄尚幼。欧阳询之妻徐氏这时便承担起了养育儿子的重任，除维持生活外，还教他书法，要他向父亲学习，继承父亲的书艺。徐氏教子可谓煞费苦心，为了更好地激励儿子，她想出了一个办法，常常给儿子钱，给钱时，总是要对欧阳通说："这是卖你父亲的书法作品得来的钱。"欧阳通见人家如此看重他父亲的书法作品，更加钦佩他父亲的书名，于是学得也就更加刻苦了，白天黑夜，丝毫也不见松懈倦怠。

日积月累，欧阳通的书法果然也大有成就。欧阳询在书法史上的地位很高，其作品世称“欧体”。他与虞世南、褚遂良、薛稷四人并称书法“唐初四大家”，后世均将其书法作为临摹学习的范本。欧阳通书名虽不及其父亲，但与父亲一起，被人称为“大小欧阳”，在书法史上也有一定的地位。由于个人天赋等等方面的原因，各人取得的成就是不可能完全一样的。欧阳通也许天赋不如其父欧阳询，但他在母亲教育下，在父亲书名激励下刻苦学习，毫不懈怠，其精神是可嘉的。有了这样的精神，即使他没有取得任何成就，也是值得肯定的。

到武则天天授二年（691），欧阳通官至司礼卿判纳言。武则天想立其侄武承嗣为太子，欧阳通与宰相岑长倩等竭力反对，得罪了武则天，被诬以谋反罪下狱死。从这一件事可以看出，欧阳通立朝为官，具有正直不阿的性格。这一点是否受到其父欧阳询和母亲徐氏的影响，史籍中没有明载。

（《旧唐书·欧阳询传》、《旧唐书·欧阳通传》）

人物春秋

开国元勋 辅帝之才——房玄龄

房乔，字玄龄，自幼聪明，博览经史，工于草书隶书，善写文章，曾跟随父亲到京城去。当时天下安宁，大家都认为隋朝的国运长久，房玄龄避开左右随从对父亲说：“隋朝皇帝本无功德，只会迷惑黎民百姓，不作长远打算。他混淆嫡亲和庶出，让他们互相争夺，皇太子与诸王，又竞相奢侈，早晚会引起互相残杀，靠他们国家将难以保全。现在天下虽然清平，但其灭亡却指日可待。”房彦谦听后很吃惊，对他刮目相看。房玄龄十八岁时，本州举荐他应进士考，及第后被授羽骑尉。吏部侍郎高孝基一向被认为有知人之明，见到房玄龄后深加赞叹，对裴矩说：“我见过的人多了，还从未见到过这样的郎君。他将来必成大器，但恨我看不到他功成名就，位高凌云了。”父亲久病，历百余日，房玄龄尽心侍奉药物膳食，总是和衣而睡。父亲去世后，五天不吃不喝。后来房玄龄被任命为隰城县县尉。

到唐高祖举义旗入关内，太宗向渭北拓地时，房玄龄驱马前往军营谒见。温彦博又加以推荐。太宗一见房玄龄，如同旧友，署任他为渭北道行军记室参军。房玄龄既然已遇知己，就竭尽全力，知无不为。每当讨平寇贼时，众人都竞相搜求珍玩，唯独房玄龄先去网罗人才，送到太宗幕府。遇有猛将谋臣，他就暗中与他们交结，使他们能各尽死力。

不久隐太子李建成见太宗功德比他更盛，产生猜忌。太宗曾到隐太子住所吃饭，中毒而归。幕府中人震惊，但又无计可施。房玄龄因此对长孙无忌说："现在怨仇已成，祸乱将发，天下人心恐慌，各怀异志。灾变一作，大乱必起。不但能祸及幕府，还怕会倾覆国家。在此关头，怎能不再三深思呢！我有计：不如遵从周公诛杀兄弟的故事，就能对外抚宁天下，对内安定宗族社稷，来尽一份孝养的礼节。古人曾说：'治理国家的人不能顾及小节'，说的就是这个道理。这比家国沦亡、身败名裂不是要好得多吗？"长孙无忌说："我也早有这种打算，一直没敢披露出来。您现在所说的，与我的想法深深相合。"长孙无忌于是入见太宗献策。太宗召来房玄龄对他说："危险的征兆，已现迹象，应该怎么办呢？"房玄龄回答说："国家遭逢患难，古今没什么不同，不是英明的圣人，不能平定它。大王功盖天地，符合君临臣民的预兆，自有神助，不靠人谋。"因此与幕府属官杜如晦同心尽力。仍然随同幕府升迁为秦王府记室，封爵临淄侯。又以本职兼任陕东道大行台考功郎中，加官文学馆学士。房玄龄在秦王府十余年，经常掌管文书。每当撰写奏章时，他驻马路边、一挥而就，行文简洁道理充分，不打任何草稿。高祖曾对侍臣们说："此人深知事理，完全可以委任。每当他为我儿向我陈述事情，都能理会我心，使千里之外，与我儿就像对面谈话一样。"隐太子看到房玄龄、杜如晦被太宗信任，十分厌恶，在高祖面前进谗言，于是房玄龄与杜如晦一起被贬斥。

隐太子将要变乱，太宗命令长孙无忌召来房玄龄和杜如晦，悄悄带他们入府阁议事。到太宗入东宫成为皇太子，提拔房玄龄为太子右庶子。贞观元年，代替萧祐任中书令。太宗论功行赏以房玄龄和长孙无忌、杜如晦、尉迟敬德、侯君集五人为第一。房玄龄进爵邢国公。太宗因此对诸位功臣说："朕奖励你们的功勋、给你们划定封邑，恐怕不一定恰当。现在你们可以各自发表意见。"太宗叔父淮安王李神通进言说："高祖刚举义旗，臣就率先领兵赶到。现在房玄龄、杜如晦等刀笔吏功居第一，臣有些不服。"太宗说："义旗初举，人人追随。叔父虽然率兵前来，但不曾身经战阵。山东没有平定时，叔父受命出征，窦建德南侵，叔父全军覆灭。刘黑闼叛乱，叔父才随军破敌。现在论功行赏，房玄龄等有运筹帏幄、安定国家的功劳。汉朝的萧何，虽然没有征战的功劳，但他指挥谋划、助人成事，因此功居第一。叔父是皇家至亲，对你的确没什么可以吝惜，但朕又切不可因此私情，让你与功臣接受同等的赏赐。"起初，将军丘师利等都居功自傲，甚至有时挽袖指天、以手画地，陈说怨愤。等见到李神通理屈后，他们互相议论说："陛下赏赐极为公正，不徇私情，我等怎能妄加陈述呢?"

贞观三年，任命房玄龄为太子太师。他坚辞不受，改任代理太子詹事、兼礼部尚书。明年，代替长孙无忌任尚书左仆射，改封爵为魏国公，并监修国史。房玄龄既已总管百官事务，就虔诚恭谨、日夜操劳，尽量做到事事处理恰当。听到别人的长外，就像自己有长处那样高兴。他精通吏事、注意文辞，审定法令、意在宽平。用人不求全责备，也不以自己的长处来衡量别人，随才录用，不拘贵贱，被时人称为良相。有时因事被皇上谴责，他就连日在朝堂上叩头请罪，恐惧不安，似无地自容一般。贞观九年，房玄龄监护高祖陵庙制度，因功加授开府仪同三司。十一年，房玄龄和司空长孙无忌等十四人一起被授予世袭刺史。房玄龄带原官任宋州刺史、改封爵为梁国公。这件事结果后来未曾施行。

贞观十三年，加房玄龄官为太子太师。房玄龄再三上表请求解除仆射职务，太宗下诏书回报说："选用贤能的根本，在于无私；侍奉君上的道义，贵在当仁不让。列圣所以能弘扬风化，贤臣所以能协力同心。公忠贞庄重、诚信贤明，为我草创霸业，助成帝道。执掌尚书省，使百政通和；辅佐皇太子，实众望所归。但是公忘记了那些大事，拘于这点小节，虽然恭敬完成教谕事务、却要辞去宰相职位，这难道就是所说的辅佐朕共同安定天下吗?"房玄龄于是带本官就任太子太师。当时皇

太子要行拜师礼，已备好仪仗等待。房玄龄深加谦退，不敢进见，于是回家去了。有见识的人都推崇他的谦让精神。房玄龄认为自己居宰相位十五年，女儿是韩王妃子、儿子房遗爱娶高阳公主，实在是极为显贵，于是频繁上表，请求辞去职位。太宗下诏宽慰，但并不批准。十六年，又与高士廉等人一起撰成《文思博要》，赏赐丰厚。拜官司空，仍然总掌朝政，依旧监修国史。玄龄上表辞让，太宗派遣使节对他说："过去留侯张良让位、窦融辞去富贵，都是自己惧怕功名太盛，知道进能够退，善察时势、及时止步的，所以前代人加以赞美。公也想追随往日贤哲，实在应当嘉奖。然而国家任用公已久，一旦突然失去良相，就如同失去双手一般。公若体力不衰，就不要再辞让了。"房玄龄于是停止推让。

贞观十七年，房玄龄和司徒长孙无忌等人的像被画在凌烟阁上。赞词说："才能兼有辞藻，思虑化入神机。为官励精守节，奉上尽忠忘身。"高宗在东宫时，加房玄龄太子太傅、仍然知门下省事、监修国史如故。同年，房玄龄因继母去世、停职修丧礼，太宗特命赐以昭陵葬地。不久，恢复本职。太宗亲自出征辽东，命房玄龄在京城留守，手写诏书说："公担当着萧何那样的职任，朕就没有西顾之忧了。"军事器械、战士衣粮，都委任房玄龄去处置发送。房玄龄屡次上言说敌人不可轻视、应当特别谨慎。

房玄龄曾因微小过失被罢官回家，黄门侍郎褚遂良上奏说：

“君主是‘首脑’，臣下称‘四肢’。有龙跃就有云起、不待呼啸而会集，一旦时机到来，千年不敌一瞬。陛下过去是布衣百姓时，心怀拯救民众的大志，手提轻剑、仗义而起。平定诸处寇乱，全靠陛下神功，而文章谋略，颇得辅佐帮助。作为臣下，玄龄出力最勤。往昔吕望扶助周武王、伊尹辅佐成汤，萧何竭力于关中、王导尽心于江南，玄龄可以与这些人匹敌。况且武德初年出仕作官的人，都是忠诚勤恳、恭敬孝顺，众人同归陛下。但隐太子与海陵王，凭仗凶乱、求用惑主，使人人不能自安，处境像鸡蛋相叠一样危险、形势如身被倒挂一样危急，命在旦夕、身系寸阴，而玄龄之心，始终不变。到武德九年之际，事情紧迫，玄龄虽被贬斥赶走，未能参与谋略，但仍然穿着道士衣服入府，与文德皇后同心相助。他在臣节方面，确实没有亏欠。到贞观初年，万物更新，玄龄选择能吏侍奉君主、为舆论所推奖，虽有无上功勋，却忠心依旧。只要不是犯有不赦的罪状、为百官同愤，就不能因一点小错误就轻易地舍弃他不用。陛下如果确实怜悯玄龄年迈，或瞧不起他的行为，自可像古时那样，谕示大臣让他退休。但这事实行起来要靠后一些，并要遵循往日故事，按退休礼仪去作，就不会使陛下失去好的声誉。现在玄龄这样有数十年功勋的旧臣，只因小事而被贬斥，朝廷外面议论纷纷，都认为不应该。天子重用大臣则人尽其力，轻易舍弃则人心不安。臣以庸碌人才，愧列陛下左右，斗胆冒犯天威，略为陈述管见。”

贞观二十一年，太宗前往翠微宫，在那里授司农卿李纬官为民部尚书。房玄龄当时留守京城。恰好有人从京城来，太宗问他："玄龄听说李纬官拜尚书后怎么样？"那人回答："玄龄说李纬胡子好，没说其他话。"太宗立刻改授李纬为洛州刺史。房玄龄就是这样，是当时的一种尺度。

贞观二十二年，太宗前往玉华宫。当时房玄龄旧病发作，诏书命令他在京养病并仍然总管留守事务。病重时，太宗让他来玉华宫。房玄龄坐抬轿入殿，一直被抬到太宗座前才下轿。太宗面对他垂泪，房玄龄也感动哽咽。诏书派遣名医救治，并命尚食局每日供应宫廷膳食。如果房玄龄稍有好转，太宗便喜形于色；如果听说病情加重，脸色便变得悲伤。房玄龄因此对诸子说："我自从病情危急后，受恩泽反而更深；如果辜负了圣明君主，则死有余辜。当今天下清明，各件事务都很得当，唯独东征高丽不止，将为国患。主上含怒下了决心，臣下不敢冒犯圣威。我若知而不言，就会含恨入地。"于是上表劝谏说：

臣听说兵革最怕不收敛，武功贵在停止干戈。当今圣明教化，无所不至。上古未能臣服的地方，陛下都能让其称臣；未能制服的地方，陛下都能制服。详察古今，为中国患害最大的，首推突厥。而陛下却能运用神机妙策，不下殿堂就使突厥大、小可汗相继归降，分掌禁卫军，执戟行列间。其后薛延陀嚣张，旋即被讨平灭亡；铁勒倾慕礼义，请朝廷设置州县。沙漠以北，万里安宁，没有兵尘硝烟。至于说高昌在流沙拥兵叛乱，吐谷浑在积石山归属不定，发一军进讨，全都荡平。高丽射过诛灭，已经历代，朝廷未能征讨。陛下谴责它为逆作乱、杀害君主虐待民众，于是亲自统领六军，前往辽东、碣石问罪，不到一月，就攻拔了辽东，前后抓获俘虏达数十万，分配在诸州，无处不满。雪前代的旧耻，埋亡卒的枯骨。若比较功德，则高出前王万倍。这些都是圣主心中所自知的，卑臣怎么敢详尽述说。

况且陛下仁风流布、遍于四海，孝德显扬、与天同高。看到夷狄将要灭亡，便能算出还需几年；授与将帅指挥谋略，就能决胜万里之外。屈指计日、等待驿传，观日算时、迎候捷报，符合应验如同神灵，算计谋划没有遗漏。在行伍之中提拔将领、于凡人之内选取士人。远方的使节，一见不忘，小臣的名字，不曾再问。射箭能洞穿七层铠甲、拉弓能力贯百八十斤。加上留心经典、注意文章，用笔超过钟繇、张芝，文辞不让班固、司马迁。文锋已振、管磬自然和谐，翰墨轻飞、花卉竞相开放。以仁慈安抚百姓、以礼义接遇群臣。有喜好生命的德性，在江湖焚烧障塞，释放鱼类；有厌恶杀戮的仁慈，在屠场止息刀斧，拯救畜牲。鸭鹤承接了稻粱的赐与、犬马蒙受着帷盖的恩惠。下车吮吸李思摩的箭疮、登堂哭临魏征的灵柩。为战亡的士卒哭泣，哀痛震动六军；背填路用的薪柴，精诚感动天地。重视民众的生命，特别关心狱囚。臣见识昏愦，怎能论尽圣功的深远，奢谈天德的高大呢！陛下兼有众多长处，各种优点无不具备，卑臣深深地为陛下珍惜它，爱重它。

《周易》说："知道进而不知道退，知道存而不知道亡，知道得而不知道失。"又说："知道进退存亡，又不迷失正道的，只有圣人啊！"由此说来，进里有退的含义，存中有亡的机宜，得内有失的道理，老臣为陛下珍惜的原因，指得就是这些。老子说："知足就不会招致侮辱，知道适可而止就不会遇到危险。"陛下的威名功德，也可以说是"足"了；拓广疆域，也可以"止"了。那个高丽，是边境的夷族残类，不足以用仁义对待，也不可以常礼责备。古来将他们象鱼鳖一样喂养，应该宽恕他们。如果一定要灭绝他们的种类，恐怕野兽落入穷困境地就要搏斗。而且陛下每次决杀一个死囚，都必定命令法官再三覆审多次上奏，并要吃素食、停音乐。这就是因为人命关天，感动了圣上仁慈之心的缘故。何况现在这些兵士，没有一点罪过，却无故被驱赶到战阵之间，处于刀锋剑刃之下，使他们肝脑涂地，魂魄没有归处；让他们的老父孤儿、寡妻慈母，望灵车而掩泣，抱枯骨而伤心，这就足以使阴阳发生变动，和气受到伤害，实在是天下的冤痛啊。况且"兵"是凶器，"战"是危事，不得已才使用。如果高丽违反臣节，陛下诛讨它是可以的；如果高丽侵扰百姓，陛下灭亡它是可以的；如果高丽会成为中国的长久之患，陛下除掉它是可以的。有其中的一条，虽然日杀万人，也不值得惭愧。现在没有这三条，却烦扰中国，内为前朝旧王雪耻，外替新罗报仇，难道不是所保存的少、所丢失的多吗？

希望陛下遵循皇朝祖先老子“止足”的告诫，来保全万代巍峨的名声。发布甘沛的恩泽，颁下宽大的诏书；顺应阳春散布雨露，允许高丽悔过自新；焚烧凌波的船只，停罢应募的民众，自然华夏与夷族都庆贺依赖，远方肃宁近处安定。臣是老病的三公，早晚就要入地，所遗憾的只是臣竟然没有尘埃露水，来增高山岳增广海洋。谨此竭尽残魂余息，预先代行报恩的忠诚。倘若承蒙录用这些哀鸣，臣就是死而不朽了。

太宗见到表奏，对房玄龄的儿媳高阳公主说：“他病成这样，还为国家担忧。”

房玄龄后来病情加剧。太宗于是凿通苑墙开设新门，屡次派遣宫中使臣问候。太宗又亲自前往，悲伤不止。皇太子也前去与他诀别。当天授房玄龄的儿子房遗爱为右卫中郎将、房遗则为中散大夫，让他生前看到儿子的显贵。不久病故，享年七十岁。太宗命三天不上朝，下册书赠房玄龄官太尉、并州都督，赐谥号为“文昭”，朝廷供丧葬器物，陪葬昭陵。房玄龄常告诫诸子不能骄奢、沉溺于声色，一定不可以用地位门第去欺凌他人，因此汇集了古今圣贤的家诫格言，写在屏风上，令诸子各取一扇，对他们说：“你们如果能留意这些家诫，就足以保身成名。”又说：“汉朝的袁家历代保有忠节，是我所崇尚的，你们也应该效法。”高宗继位，诏命房玄龄在太宗庙庭中祔祭。

唐代高僧——玄奘

玄奘和尚，姓陈，洛州偃师县人。隋炀帝末年出家，广泛阅读佛经著作。他曾因当时的佛经译本有很多谬误，所以到西域去，广泛寻求各种版本检验校正。太宗贞观初年，跟随商人到西域结交佛教界人士。玄奘知识渊博口才出众，每到一地都要讲授经义，解释疑难，各地外国人都尊敬佩服他。他在西域十七年，遍访的国家有一百多个。这些国家的语言全都懂得，于是收集山河风俗，当地特产，撰写《大唐西域记》。贞观十九年（645），回到京城长安。太宗召见他，非常高兴，跟他交谈讨论。于是诏令把六百五十七部梵文佛经安排在弘福寺译成汉语，还命令右仆射房玄龄、太子左庶子许敬宗，广泛征聘学识渊博的和尚五十多人，帮助玄奘整理考校。

显庆元年（656），高宗命令左仆射于志宁，侍中许敬宗，中书令来济、李义府、杜正伦，黄门侍郎薛元超等人，一同润色玄奘翻译出来的佛经译文，国子博士范义硕、太子洗马郭瑜、弘文馆学士高若思等人，帮助翻译。这时共译出七十五部，进献给高宗。后来由于京城的人们争着来礼拜晋见，玄奘就禀奏请求找个安静的地方翻译，诏令搬迁到宜君山的老玉华宫。玄奘于显庆六年（661）去世，终年五十六岁，安葬在陕西蓝田县西的白鹿原，送葬的男男女女好几万人。

新唐书

《新唐书》概论

《新唐书》是又一部系统记录唐朝历史的纪传体史书，亦被列入正史之列。该书撰于北宋仁宗嘉祐年间，比《旧唐书》晚出世一个多世纪。该书全面继承了《史记》、《汉书》的编纂体例，使纪传体史书体例自《三国志》以后再度完备起来，故该书在正史中有着相当重要的地位。

一

宋朝《新五代史》的编纂，有其政治原因，文化原因等多种因素共同促成。

首先，出于巩固宋朝统治的目的，是其一个主要原因。

北宋立国以后，鉴于五代割据纷争的历史教训，北宋王朝的统治者颇为关注五代时期的历史探究。经过近百年的统治和经营，至仁宗皇帝时期，天下平和，民物安乐。但外族边患日益严重，加之国内财政危急和人民反抗，迫使统治阶级不得不从历史中寻求治理天下的历史经验，由是开始注意对唐代历史的重视。庆历元年(1041 年) 冬，当时即有人向宋仁宗建议从《旧唐书》中探求鉴益，主张节略《旧唐书》中有益于时政的内容进献最高统治阶层，以求收取贾谊、晁错借秦以喻汉的功效。仁宗当即十分乐意地接纳了这一建议。不久，范仲淹等人在推行“庆历新政”时，又上书宋仁宗，请求他应当像唐高祖、唐太宗那样“隆礼敦信，以盟好为权谊；选将练兵，以攻守为实务”，以此外交方略来缓和和治理日益严峻的边患。这样，最高统治者们出于巩固统治秩序的目的，对唐代历史的治乱兴衰发生了浓厚的兴趣。

其次文化学术风气的变化也对唐史研究提出了新的问题。早自中唐时期，文化学术领域就出现了一些变革的迹象。在史学方面，尤其主张运用《春秋》笔法，故对司马迁、班固开创的纪传体史学编纂形式颇有批评。至北宋真宗、仁宗时期，人们已开始在唐史研究中实践着“春秋笔法”。如在仁宗时期，有孙甫的《唐史记》七十五卷。其中孙甫的著述，即直接冲着《旧唐书》而来：“甫以刘昫《唐书》烦冗遗略，多失体法，乃改用编年。”(《宋史·孙甫传》之所以运用“春秋笔法”“改用编年”，是因为“《春秋》记乱世之事，以褒贬代王者之赏罚”，而《旧唐书》并不能起到这种作用。这种思想认识，曾公亮在《进〈新唐书〉表》中说得十分明白：“(《旧唐书》) 言浅意陋，不足以起其文而使明君贤臣、俊功伟烈，与夫昏虐贼乱、祸根罪首，皆不得暴其善恶以动人耳目，诚不可以垂劝戒、示久远，甚可叹也。”因而重新编纂唐朝的历史被提上了议事日程。

《新唐书》的编纂过程也是长期复杂的。

早在仁宗庆历四年（1044）春，当时身处宰相之位的贾昌朝，即提出重修《唐书》的建议。仁宗接受这一建议后即下令史馆人员开始搜集资料的工作。第二年即组成书局。以王尧臣、宋祁、张方平、杨察、赵概、余靖为刊修官，曾公亮、赵师民、何中立、范镇、邵必、宋敏求为编修官，贾昌朝为提举官。但在开初几

年内，因人员变动频繁，故编修工作进展缓慢。六年后，六人的“刊修”班子只剩宋祁一人，于是仁宗改宋祁为“刊修”全面主持其事。同时，“编修”的班子到第二年就只剩下范镇、宋敏求二人，后又加入王畴，计三人。皇祐三年，宋祁又出为外任，仁宗特命他“将史稿自随”，在任上进行修纂。此时，吕夏卿、刘羲叟二人又加入了编修队伍，提举官由丁度替下了贾昌朝。三年后，又由刘沆替下了丁度，在刘沆的举荐下，欧阳修被任命为刊修官。于是，自仁宗至和元年（1054）八月起，编纂《新唐书》有了宋祁、欧阳修这样两位刊修官。其中宋祁在外，负责列传的修撰，欧阳修在京，负责本纪、志、表的编纂。欧阳修入局后，又举荐梅尧臣加入了编修队伍。自是而降，两位刊修、六位编修的队伍组成，一直到全书修成。但提举官仍在不断地变动，即由王尧臣接替刘沆，再由曾公亮替下王尧臣，到仁宗嘉祐五年（1060）七月《新唐书》修成时，而由曾公亮领衔奏上，所以今日人们所见《新唐书》的“提举编修”云云，乃是曾公亮的大名。但在事实上，真正对《新唐书》起主编作用的人物，却是宋祁与欧阳修。

除了两位“刊修官”外，参加《新唐书》编纂工作的还有一支“编修官”队伍。这支队伍在最初阶段变动很大，至皇祐年间才固定下来，欧阳修任刊修后，又增加了梅尧臣一人。这些人在局时间，按欧阳修所说，“宋离、范镇到局各及一十七年，王畴一十五年，宋敏求、吕夏卿、刘羲叟，并各十年以上。”其中“范镇、王畴、吕夏卿、刘羲叟，并从初置局，便编纂故事，分成卷草，用功最多”（《欧阳文忠公全集·辞转礼部侍郎札子》）。至于梅尧臣，因最后入局，且于书成“先一月余卒”，故而曾公亮在《进〈新唐书〉表》中没有提到他的名字。但梅氏对《新唐书》的贡献亦值得一提。他“修方镇、百官表”，且在修《唐书》之前，贡献出自己所撰的《唐载》二十六卷，其书“多补正旧史阙谬”。

《新唐书》编成后，其内容较《旧唐书》而言，本纪篇幅减缩，表的篇幅大增，志与列传亦有增补，计为本纪十卷，志五十卷，表十五卷，列传一百五十卷，共计二百二十五卷（如以篇计，共为二百四十九篇）。尤其是表十五卷，为《旧唐书》所未有。因此全书内容较《旧唐书》而言，“事则增于前”。

《新唐书》能比《旧唐书》扩大篇幅，关键在于修史者们收集资料的更为广泛。《新唐书》的史料，除了取自《旧唐书》外，对唐代流传下来的其他史料素材及金石铭刻都广泛加以利用。在其他史料素材方面，曾为《新唐书》重要编纂者之一的宋敏求，在修撰《新唐书》之前，曾搜集了唐武宗以下六位皇帝时期的史事，撰成《唐武宗实录》二十卷、《唐宣宗实录》三十卷、《唐懿宗实录》二十五卷（一作三十卷）、《唐僖宗实录》三十卷、《唐昭宗实录》三十卷、《唐哀帝实录》八卷。这些实录的撰成，使唐代自高祖至哀帝有了一个完整的实录体系，为《新唐书》本纪的编撰提供了大量全新的素材。宋敏求还积累了唐代帝王的“训词诰命”，编集为《唐大诏令集》五十二卷，这也是《新唐书》一大资料来源。此外，《新唐书》修撰之前曾出现过一股“唐史热”，这种热潮使不少有关唐代记事的文献纷纷问世，诸如各种别史、杂史、霸史、编年、传记、奏议，以及有关地理书籍、小说、文人别集、碑碣等等，无不成为充实和丰富《新唐书》内容的资料来源。在金石铭刻方面，作为《新唐书》编纂工作总负责人之一的欧阳修，就曾积近二十年的精力编写成我国第一部金石考证专著——《集古录》一书。该书集录古代金石遗佚十分丰富。这些金石材料不少被用来参验和补充、修改唐史的文献材料，为丰富《新唐史》开掘了又一大新的史料来源。除欧阳修外，其他如宋祁、吕夏卿等人，对野史、笔记等材料都十分注意利用。所以这些，使《新唐书》的编修形成了一些突出的特点。

首先，“本纪”方面，《新唐书》“法严而词约，多取《春秋》遗意”。《新唐书》的编修十分注意“春秋笔法”，按照孔子删改《春秋》的是非标准来取舍唐代史事，处处体现“一字褒贬”的精神，“义类凡例，皆有依据”。正因有此，清代学者章学诚曾说：“迁、固以下，本纪虽法《春秋》而中载诏诰号令，又杂《尚书》之体。至欧阳修撰《新唐书》，始用大书之法，笔削谨严，乃出迁、固之上，此则可谓善于师《春秋》者矣。”（《章氏遗书外篇》卷一《信摭》）也正因为“笔削谨严”，故本纪部分“法严”“词约”，在全书篇幅较旧书大增的情况下，本纪文字反而大大削减。

其次，在“表”方面，《新唐书》的重大贡献之一就是恢复了《史记》、《汉书》的体例——恢复立表。这就使得纪传体史书体例至此再度完备，且这一传统为后世各史所继承。关于史书作“表”的作用和价值，顾炎武曾如是指出：“作史无表，则立传不得不多。传愈多，文愈繁，而事迹或反遗漏而不举。欧阳公知之，故其撰《唐书》有‘宰相表’、有‘方镇表’、有‘宗室世系表'、有'宰相世系表',始复班、马之旧章。"(《日知录》卷二十六)《新唐书》共有"表"计十五卷二十三篇,其中《宰相表》三卷、《方镇表》六卷、《宗室世系表》一卷、《宰相世系表》五卷。

第三,在"志"方面,《新唐书》较《旧唐书》亦有较大的改进。《新唐书》立"志"十三,比《旧唐书》多列二志,计为《礼乐志》十二卷、《仪卫志》一卷、《车服志》一卷、《历志》六卷、《天文志》三卷、《五行志》三卷、《地理志》七卷、《选举志》二卷、《百官志》四卷、《兵志》一卷、《食货志》五卷、《刑法志》一卷、《艺文志》四卷。就这十三志所反映的内容来看,既十分丰富周祥,且编排记叙很有条理,因此,这一部分内容颇受后世学者赞赏。

第四,在"列传"方面,《新唐书》在这一系列中增添了不少新内容。这种增添,既包括立传人物的增多,也包括所写人物事迹的增加和类传分目的增添。在立传对象上,《新唐书》比《旧唐书》增加了三、四百列传之多(也删掉了几十人的列传),尤其一些重要人物,如名臣李栖筠、文学家贾岛、唐后朝重要人物杨行密等数十人,都是《新唐书》才有的。除人物外,《新唐书》还在列传中增加了一些周边政权,如《沙陀传》

等即是。至于事迹方面，据清人赵翼所计，“《新唐书》列传内所增事迹较《旧书》多二千余条”，其中不少内容是“不可不载”的史料，有的人物传记，其所增内容较于旧书“几至倍蓰”。由于内容充实、资料丰富，故一些人物在旧书中为附传、小传，在《新唐书》中被扩充为正传。在类传分目排序上，《新唐书》坚持“暴其善恶以动人耳目”的编纂原则，一方面增添类传名目，如“卓行”、“藩镇”、“奸臣”、“叛臣”、“逆臣”诸名目全为新立，另一方面则在编排秩序上作了较大的调整，突出“忠君”意识，将叛臣贼子祸根乱源者统统放在后面，而将忠、孝、节、义的内容排在前头。这些，处处反映出该书编纂者们的真实指导思想。

二

综观整部《新唐书》可以看出，编纂者们的真实指导思想是要在总结唐代历史的过程中，既要扬其善以垂劝戒，又要暴其恶动人耳目，而这一指导思想反映在文字形式上即崇尚《春秋》笔法，弘扬所谓的“道统”，使其书真正收取到“垂劝戒，示久远”的功效。

首先，在扬善以垂劝戒方面，如前所述，《新唐书》在类传分目时，将“忠义列传”的位置提前，并创立“卓行列传”，再继以“孝友列传”，向人们展示出处世根本原则，即为臣者要尽忠，为子者须尽孝，处世必得有节有义，忠、孝、节、义四者排列成序，其封建伦常道德也就“正统”得可以了。不仅如此，更重要的是在列传的内容里比起《旧唐书》有了更大的改动。《旧唐书》的“忠义列传”只是记叙其人“杀身成仁，临难不苟”，而于其他的事迹上强调若遇“明主”，“一心可事百君”，而不必愚忠于一朝。对此《新唐书》在“忠义列传”的序文中针锋相对地指出，为臣者必须“终始一操”。再如在“孝友列传”上面，《旧唐书》写孝友，是“善父母”、“善兄弟”者可以“移于君”“施于有政”，强调为君者的自身修养，而《新唐书》则突出地说明“父父也，子子也，兄兄也，弟弟也，推而之国，国而之天下，建一善而百行从，其失则以法绳之”，强调的是“以其教孝而求忠”的原则。总之，《新唐书》旨在通过对唐代历史的总结，告喻封建王朝最高统治者们要高举封建伦理的大旗，劝奖忠孝节义的人与事，以此来维护既有的封建统治秩序。

其次，在暴恶动人耳目方面，为了达到这一目的，《新唐书》编纂时新增立藩镇、奸臣、叛臣、逆臣四个

类传，并在排目时将外戚、宦者、酷吏、与藩镇等四类传放在一起，又将奸臣、叛臣、逆臣三类传放在全书最末的位置上，意在让这些“产乱取亡”的“祸根”得到充分的暴露，以此来“动”世人之“耳目”。在《新唐书》编纂者看来，唐代的外戚、宦官对于天下的治理都起过极为恶劣的坏作用，是唐代“产乱取亡”的“祸根”之一，故此必须予以暴露。这种“暴恶”应该说还是取得了一定的社会成效的，终宋一代，就没有发生过外戚、宦官干乱朝政的事件。至于藩镇，在唐代中后期分地割据，胡作非为，“护养孽萌，以成祸根”。《旧唐书》对此则分散于诸臣列传之中，人们不易看清藩镇发展的脉络和对唐代统治的危害作用，《新唐书》将他们集中一起进行历史大曝光，其借镜作用十分明显。对于奸臣、叛臣和逆臣，《新唐书》不仅单独列传，将这些他们认为的“丑类”逐一排队，而且其内容的篇幅甚大，这三类传共为三卷七篇，所记人物达三十余人之多。将这些造成唐代灭亡的“罪首”放在最为显著的位置上——全书之末，确实能够“动人耳目”。

为了让后世犯上作乱者有所“惧”，《新唐书》全书贯彻着“《春秋》笔法”。不仅“本纪法严而词约，多取《春秋》遗意”，而且在列传中也严格地“遵守古训”，“不敢妄作聪明”。

为了宣扬“道统”，坚持儒家封建伦常的“正宗”，《新唐书》在编纂过程中还在“明王道”的同时力排佛、老之学及提倡佛、老的人物。如在《太宗皇帝本纪》中，就在肯定李世民的文治武功的同时，批评他“牵于多爱，变立浮图”。再如对《旧唐书》所立的玄奘、神秀、慧能、僧一行等佛教徒的传记，全都删而不录。同理，对于土生土长的道教，《新唐书》同样持批判态度，如指责毁佛信道的唐武宗是“庸夫”。

三

《新唐书》撰成于北宋嘉祐年间，修成上奏后很快就刊印，这就是后世所称的“嘉祐本”（又称“十四行本”）。后来北宋时期又有过多次刊刻，如“十六行本”等。其时统称《唐书》，无新、旧之分。至南宋时期，又有“十行本”与闽刻“十行本”等行世。元代刊印“十七史”时，《新唐书》亦在其中。明代有三种刻本，一是成化年间南京国子监刻本（南监本）一是万历年间北京国子监刻本（北监本），再是毛晋汲古阁刻本。

上述刻本，仍然沿用《唐书》之名，而未冠以“新”。至清代乾隆四年（1739）武英殿翻刻“廿四史”时，为了区分两部《唐书》，才正式将宋祁、欧阳修等编纂的《唐书》定名为《新唐书》，而将刘昫的《唐书》命名为《旧唐书》，自此而降，其书名沿称至今。武英殿刻本通常称为“殿本”。这种版本附有宋人董冲的《唐书释音》二十五卷及考证。后来此版本多有影刻、翻刻、排印、缩印。民国时期，商务印书馆汇集了流传的宋刻本，包括影印北宋嘉祐十四行本，残阙之处则以北宋十六行本、南宋十行本相关内容补入，刊印成“百衲本”。1975 年 2 月，以“百衲本”为基础，参校北宋闽刻十六行本、南宋闽刻十行本、毛晋汲古阁本、清武英殿本及浙江书局本等，中华书局印行了校点本《新唐书》，这就是目前见到的有标点的《新唐书》。

在深入研究唐代历史时，必须了解前人对《新唐书》不足之处的批评和考证。在此尤其要注意宋哲宗时期吴缜的《〈新唐书〉纠谬》。《〈新唐书〉纠谬》二十卷，分为二十目，分门别类地就《新唐书》中一些问题一一进行了“质正”，所论内容计达四百余事。这是第一部考订研究《新唐书》的重要参考书。刻书只是就《新唐书》自身“自相质正”，而未以他书“考证”，故在参考时亦加留心用意。全书所质正内容为：以无为有、似实而虚、书事失实、自相违舛、年月时世差互、官爵姓名谬误、世系乡里无法、尊敬君亲不严，纪志表传不符、一事两见而异同不完、载述脱误、事状丛复、官削而反存、当书而反阙、义例不明、先后失序、编次未当、与夺不常、事有可疑、字书非是等二十门类。正如前述，《新唐书》两位“刊修”直至书成并未见一面，如此情况，自然使该书存在种种不足，诸如重复、繁赘、阙遗、矛盾等等在所难免。

政　略

王琚进言诛太平

琚是时方补诸暨县主簿[①]，过谢东宫，至廷中，徐行高视，侍卫何止曰："太子[②]在！"琚怒曰："在外惟闻太平公主，不闻有太子，太子本有功于社稷，孝于君亲，安得此声？"太子遽[③]召见，琚曰："韦氏躬行弑逆，天下动摇，人思李氏，故殿下取之易也。今天下已定，太平专思立功，左右大臣多为其用，天子以元妹，能忍其过，臣窃为殿下寒心。"太子命坐，且泣曰："计将安便？"琚曰："昔汉盖主供养昭帝[④]，其后与上官桀谋杀霍光[⑤]，不及天子，而帝犹以大义去之。今太子功定天下，公主乃敢妄图，大臣树党，有废立意。……"太子曰："先生何以自隐而日与寡人游？"琚曰："臣善丹沙[⑥]，且工谐隐，愿比优人[⑦]。"太子喜，恨相知晚。

（《新唐书·王琚传》）

【注释】

①“琚是”句：琚，王琚，唐睿宗时官至户部尚书，封赵国公，时号为内宰相。历九刺史，为李林甫所害。诸暨：县名，属浙江省。主簿：官名，负责文书簿籍，掌管印鉴等。②太子：李隆基。③遽：立即。④昭帝：汉昭帝刘弗陵，在位13年。⑤“其后”句：上官桀，汉武帝时官至太仆、大将军，后谋废昭帝事觉，族灭。霍光，汉武帝时官至奉车都尉、大司马，汉宣帝亲政，以谋反至夷族。⑥丹沙：硃砂。⑦优人：优伶；乐人。

【译文】

王琚当时补为诸暨县主簿，前往东宫拜谢太子，到廷中，慢步昂首，内侍止呵住他说：“太子在！”王琚大怒说：“外面只听说太平公主，没有听说有太子，太子本是国家的功臣，孝顺君亲，怎么这样说？”太子马上给予召见。王琚说：“韦氏亲自谋乱弑杀皇帝，天下动荡不安，人们向往李氏当朝，所以殿下很容易消灭他。如今天下已经安定，太平公主一心想立功，左右大臣们大多能为她效力，天子因为她是自己的亲妹妹，能宽宥她的过失，臣为殿下寒心。”太子让王琚坐下，并对他说：“怎么办才好呢？”王琚说：“以前汉代的盖主曾经供养过昭帝，到后来，盖主与上官桀谋杀霍光，虽然没有危及昭帝，但昭帝仍然深明大义，除掉盖主。如今因太子的功

劳而使天下安定，公主却敢于胡作非为，大臣们结成朋党，有废立太子的意向。……”太子说：“先生为什么自甘退隐而愿意与我交往呢?”王琚说：“臣善丹砂之术，并擅长乐理，愿意做一个乐人。”太子十分高兴，相知恨晚。

御 人

太宗割须疗臣疾

勣[①]既忠力，帝[②]谓可托大事。尝暴疾，医曰："用须灰可治。"帝乃自剪须以和药。及愈，入谢，顿首流血。帝曰："吾为社稷计，何谢为!"后留宴，顾曰："朕思属幼孤，无易公者。公昔不遗李密[③]，岂负朕哉?"勣感涕，因啮指流血。俄大醉，帝亲解衣覆之。

（《新唐书·李勣传》）

【注释】

①勣：李勣，唐初大将，高祖时为右武侯大将军，屡建奇功，太宗时官至司空。②帝：唐太宗李世民（公元 599—649 年），唐高祖李渊次子，在位 23 年。③"公昔"句：武德二年，李密（曾为瓦岗首领，克荥阳，称魏王，旋为王世充败，投唐，后叛唐再举，兵败被杀）归唐，其属地为李勣所辖，李勣录郡县户口以启李密，请自献唐。

【译文】

李勣因为竭忠效力，唐太宗说可以委任大事。李勣曾经突染重病，御医说："用胡须灰可以治好这种病。"唐太宗就剪下自己的胡须为李勣和药。等李勣病愈，去向唐太宗道谢，叩头流血。唐太宗说："我这是为国家着想，有什么值得感谢的呢?"稍后，唐太宗挽留李勣一同进餐，关切对他说："我想将幼小的子女们托付于人，没有人可以代替您。您过去不遗没李密的属地，难道会辜负我吗?"李勣感激涕零，因而咬破手指以致流血。一会儿李勣大醉，唐太宗亲自脱下自己的外衣盖在他身上。

法 制

段秀实除恶

时郭子仪以副元帅居蒲①，子晞②以检校尚书领行营节度使，屯邠州③，士放纵不法，邠人之嗜恶者，纳贿窜名伍中，因肆志④，吏不得问。白昼群行丐颉⑤于市，有不嗛⑥，辄击伤市人，椎釜鬲瓮盎⑦盈道，至撞害孕妇，孝德⑧不敢劾，秀实⑨自州以状白府，愿计事，至则曰："天子以生人付公治，公见人被暴害，恬然，且大乱，若何？"孝德曰："愿奉教。"因请曰："秀实不忍人无寇暴死，乱天下边事。分诚以为都虞候⑩，能为公已乱。"孝德即檄署付军。俄而晞士十七人入市取酒，刺酒翁，坏酿器，秀实列卒取之，断首置槊⑪上，植市门外。一营大噪，尽甲，孝德恐，召秀实曰："奈何？"秀实曰："请辞于军。"乃解佩刀，选老躄⑫一人持马，至晞门下。甲者出，秀实笑曰："杀一老卒，何甲也！吾戴头来矣。”甲为愕眙[13]。因晓之曰：“尚书固负若属[14]邪，副元帅固负若属邪？奈何欲以乱败郭氏！”晞出，秀实曰：“副元帅功塞天地，当务始终。今尚书恣卒为暴，使乱天下边，欲谁归罪？罪且及副元帅。今邠恶子弟以贷窜名军籍中，杀害人，藉藉[15]如是，几日不大乱？乱由尚书出。人皆曰尚书以副元帅故不戢士[16]，然则郭氏功名，其与存者有几！”晞再拜曰：“公幸教晞，愿奉军以从。”即叱左右皆解甲，令曰：“敢灌[17]者死！”秀实曰：“吾未晡食[18]，请设具。”已食，曰：“吾疾作，愿宿门下。”遂卧军中。晞大骇，戒候卒击柝[19]卫之。旦，与俱至孝德所，谢不能，邠由是安。

（《新唐书·段秀实传》）

【注释】

①“时郭子仪”句：郭子仪，唐华州人，曾官朔方节度使，平安史之乱功居第一，德宗朝进太尉中书令，以身系天下安危者20年。蒲，地名，即今河北省长垣县治。②晞：即郭子仪三子郭晞，累官御史中丞、太子宾客。③邠州：即今陕西眞县。④肆志：纵情，快意。⑤丐颉：强取。⑥不嗛（qiǎn）：不满。⑦“椎釜”句：椎，同“捶”、“槌”。釜，锅。鬲（lì），

古炊具，形类鼎，中空。瓮，盛东西的陶器。(àng) 盎，古代一种腹大口小的器皿。⑧孝德：即白孝德，唐安西人，后封昌化郡王，官至太子少傅。⑨秀实：即段秀实，唐阳人，历官泾原郑颍节度使，司农卿，赠太尉，后为朱泚害。⑩都虞候：官名，镇守藩镇。⑪槊：古兵器，杆长的矛。⑫躄（bì)：跛。⑬愕眙（yí)：惊视。⑭若属：汝辈；你们。⑮藉藉：交横离乱貌。⑯戢士：使士卒收敛。⑰讙（huān)：喧哗。⑱晡食：吃晚饭。晡：泛指晚上。⑲击柝：打更。柝，打更用的梆子。

【译文】

当时郭子仪以副元帅驻守于蒲，他的儿子郭晞以检校尚书领行营节度使屯兵邠州。郭晞的士兵行为放纵，不守法度，邠州的贪恶之徒，通过贿赂混入军中，因而极为放荡，一般的官吏不敢过问，大白天在市中强取豪夺，稍有不满，便打伤市民，遗弃的椎釜鬲瓮盎等器物充塞在街道上，以致撞伤孕妇，白孝德不敢弹劾这类事，段秀实从邠州赶来状诉于白府，愿意商讨处理这类事，到了白府，段秀实说：“当今皇上将黎民百姓交给您治理，您见人受到残暴，却无动于衷，如果发生大乱，该怎么办呢?”白孝德说：“愿听从指教。”段秀实于是诚恳地说：“我不忍心看到人们没有敌寇侵掠而残暴至死，扰乱国家的边庭安宁。您既然作为边郡的长官，就能够制止这种骚扰。”白孝德马上发布文告传付军中。不久，郭晞的十七名士卒，到市中夺酒，刺伤卖酒老翁，损坏酿酒器物，段秀实陈兵将他们抓获问斩，将他们的首级挂在槊上，树立在市门之外。整个军营为之哗然，全部披盔带甲，白孝德感到很恐慌，召来段秀实，对他说："这该怎么办？"段秀实说："我请求辞去军职。"于是解下佩刀，挑选一名又老又跛的士卒牵着马，到郭晞的军门下马。带兵器的守卫出来，段秀实笑着说："杀这么一个老兵，哪里用得着兵刃，我不怕杀头。"守卫目瞪口呆。段秀实于是告喻他说："尚书难道对不起你们吗？副元帅难道对不起你们吗？怎么要以扰乱边庭来败坏郭家的声誉呢？"郭晞走了出来，段秀实说："副元帅功高盖世，肩负重托，始终如一。如今你却纵容士卒残害百姓，以至边庭动乱，罪责应该归咎于谁？罪责将延及副元帅。现在邠州的恶以纳赂而混进军中，杀人夺物，横蛮骚扰到这种地步，还有几天不大乱？乱出自你身上。人们都说你因为副元帅的缘故，不约束士兵，那么郭家的功名，保留下来的还有多少啊！"郭晞再次叩拜，说："奉亏有您教导我，我愿遵循您的教导，从严治军。"随即呵斥左右全部解除兵器，命令道："谁敢违抗立即处死！"段秀实说："我还没吃晚饭，请安排饭吧。"吃完，说道："我的病犯了，想在你军中留宿。"于是留宿军中，郭晞不敢怠慢，命令夜间守卫轮流护卫。第二天早晨，郭晞与段秀实一同到白孝德府邸，悔过，邠州自己安宁。

军　事

哥舒翰不恤士卒

翰[1]为人严，少恩。军行未尝恤士饥寒，有啗民椹[2]者，痛笞辱之。监军李大宜在军中，不治事，与将士樗蒱[3]、饮酒、弹箜篌[4]琵琶为乐，而士米粇[5]不厌。帝令中人袁思艺劳师[6]，士皆诉衣服穿空，帝即斥御服余者，制袍十万以赐其军，翰藏库中，及败，封鐍如故。

（《新唐书·哥舒翰传》）

【注释】

①翰：哥舒翰，唐玄宗时官西平郡王、左仆射平章事。安禄山反，出战不利，降贼被杀。②椹：桑椹，桑树结的果实，可食。③樗蒱（chūpú）：一种类似于掷骰子的游戏。④箜篌：古弦乐器，弦数因乐器大小而异，⑤粇：米麦的碎屑。⑥“帝令”句：帝，唐玄宗李隆基，中人，宦官、太监。

【译文】

哥舒翰为人严厉，无德行。军旅中未能体恤士卒饥寒，有人摘吃百姓桑椹，用鞭子痛打一顿。监军李大宜在军中不过问军事，和将士们一起掷骰子、饮酒、弹箜篌琵琶取乐，而士兵连碎米饭都吃不饱。唐玄宗命令太监袁思艺去慰问军队，士兵诉说衣服穿破了，唐玄宗立即拿出剩余的御服，制成十万件袍子分赐军中，哥舒翰将这些袍子收藏在军府中，等到他兵败，这些衣服原封不动地锁着。

郭子仪收复两京

至德二载，攻贼崔乾祐于潼关，乾祐败，退保蒲津[①]。会永乐尉赵复、河东司户参军韩旻、司士徐景及宗室子锋在城中，谋为内应，子仪[②]攻蒲，复等斩陴者，披阖内军，乾祐走安邑[③]，安邑伪纳之，兵半入，县门发，乾祐得脱身走。贼安守忠壁永丰仓，子仪遣子旰与战，多杀至万级，旰死于阵。进收仓。于是关、陕始通。……率师趋长安，次潏水[④]上。贼守忠等军清渠左。大战，王师不利，委[⑤]仗奔。子仪收溃卒保，……。俄从元帅广平王[⑥]率蕃、汉兵十五万收长安。李嗣业[7]为前军，元帅为中军[8]，子仪副之，王思礼[9]为后军，阵香积寺[10]之北，距沣水[11]，临大川，弥亘一舍。贼李归仁领劲骑薄战，官军嚣，嗣业以长刀突出，斩贼数十骑，乃定。回纥[12]以奇兵缭贼背，夹攻之，斩首六万级，生禽二万，贼帅张通儒夜亡陕郡[13]。翌日，王入京师，老幼夹道呼曰："不图今日复见官军！"王休士三日，遂东。

安庆绪[14]闻王师至，遣严庄悉众十万屯陕，助通儒，旌帜钲鼓径百余里。师至新店[15]，贼已阵，出轻骑，子仪遣二队逐之，又至，倍以往，皆不及贼营辄反。最后，贼以二百骑掩军，未战走，子仪悉军追，横贯其营。贼张两翼包之，官军却。嗣业率回纥从后击，尘且坌[16]，飞矢射贼，贼惊曰："回纥至矣！"遂大败，僵尸相属于道。严庄等走洛阳，挟安庆绪保相州[17]，遂收东都。于是河东、河西、河南州县悉平。……帝[18]遣具军容迎灞[19]上，劳之曰："国家再造，卿力也。"

（《新唐书·郭子仪传》）

【注释】

①蒲津：地名，在陕西朝义县东②子仪：郭子仪，唐华州人。玄宗时为朔方节度使，平安史乱，功居第一。后以一身系时

局安危者20年，累官至太尉、中书令。③安邑：县名，属山西省。④滈水：水名，关中八川之一，源于秦岭。⑤委：丢弃。⑥广平王：即李俶。⑦李嗣业：唐高陵人，唐玄宗时著名战将，官拜卫尉卿。⑧中军：古代行军作战分左、中、右（或上、中、下）三军，由主将所处的中军发号施令。⑨王思礼：唐高丽人，唐玄宗时为关西兵马使。肃宗时为兵部尚书，河东节度副使。⑩香积寺：在陕西长安县南神禾原上，唐始建。⑪沣水：水名，位今陕西。⑫回纥：我国古代少数民族，主要分布在今鄂尔浑河流域。⑬陕郡：地名，属河南省。⑭安庆绪：唐叛将安禄山子，先杀父，后为史思明杀。⑮新店：地名，在河南。⑯坌（bèn）：尘埃聚集。⑰相州：地名，在今河南安阳。⑱“帝遣”句：帝，唐肃宗李亨，唐玄宗第三子，在位7年。⑲灞上：灞：灞桥，在长安东。

【译文】

唐至德二年，郭子仪率兵在潼关攻打叛贼崔乾祐，崔乾祐大败，退守蒲津。正逢永乐县尉赵复、河东司户参军韩旻、司士徐景以及宗室子弟李锋在蒲津城中，打算作为内应，郭子仪攻打蒲津，赵复等杀死守城士卒、瓦解亲军，崔乾祐败走安邑，安邑将士假装接纳他，等到崔乾祐的军队一半进入城内，县门打开了，崔乾祐得以脱身逃走。叛将安守忠驻军永丰仓，郭子仪派他的儿子郭旰迎战，斩杀叛军多达万人，郭旰战死阵中。郭子仪带兵收复永丰仓、这样关中、陕州的道路打通了。……

郭子仪率军直逼长安，驻扎在衢水上。叛军安守忠等驻军清渠左岸。两军大战，朝廷军队失利，扔掉兵器逃走。郭子仪聚集残部坚守武功，……不久跟随元帅广平王李㵆率领蕃兵、唐兵一十五万收复长安。李嗣业为前军，元帅为中军，郭子仪为副元帅，王思礼为后军，在香积寺以北布阵迎敌，依据沣水，濒临大川，互为犄角，互为一体。贼将李归仁带领精锐骑兵挑战，官军大嚣，李嗣业手持长刀，挺身而出，斩杀叛军数十名骑兵，才得以安定。回纥以奇兵在叛军背后迂回出击，与唐军两军夹攻，斩敌首六万级，生擒二万，叛军主帅张通儒夜间逃到陕郡。第二天，朝廷军队开进京都，京都百姓夹道欢呼，说："没想到今日能再见官军！"广平王命令士卒休息三天，继续东进。

安庆绪听说朝廷的军队来了，派严庄带兵十万镇守陕州，以救援通儒，旗帜军鼓绵延百余里。唐军到达新店，叛军已布好阵势派出轻骑，郭子仪派两队赶走敌兵，再来，加倍地增兵，都不到叛敌军营就回来了。最后，叛军用二百名骑兵掩护大军，还没有交战就逃走了，郭子仪带领全部人马追赶，横贯敌营。叛军张开两翼包围唐军，唐军退却。李嗣业带领回纥兵从背后攻击叛军，尘土弥漫，飞箭射向叛军，叛军惊叫道："回纥兵来了！"于是叛军大败，僵尸相连于道。严庄等败走洛阳，挟持安庆绪坚守相州，于是收复东都。至此，河东、河西、河南州县都已经平定。……唐肃宗派人身着戎装迎接郭子仪于灞桥上，亲自慰劳说："国家再次缔造，是卿的功劳啊。"

理 财

卢怀慎清俭不营产

怀慎[1]清俭不营产，服器无金玉文绮之饰，虽贵而妻子犹寒饥，所得禄赐，于故人亲戚无所计惜，随散辄尽。赴东都掌选，奉身之具，止一布囊。既属疾[2]，宋璟、卢从愿[3]候之，见敝箦单藉[4]，门不施箔[5]。会风雨至，举席自障。日晏设食，蒸豆两器、菜数杯而已。临别，执二人手曰："上求治切，然享国久，稍倦于勤，将有憸人[6]乘间而进矣。公弟志之!"及治丧，家亡留储。……帝后还京，因校猎鄠、杜[7]间，望怀慎家，环堵庳陋[8]，家人若有所营者，驰使问焉，还白怀慎大祥，帝即以缣帛赐之，为罢猎。经其墓，碑表未立，停跸[9]临视，泫然流涕，诏官为立碑，令中书侍郎苏颋为之文，帝自书。

（《新唐书·卢怀慎传》）

【注释】

①怀慎：即卢怀慎，仕唐中宗、玄宗朝，官至同紫微黄门平章事。②属疾：告病休官。③“宋璟”句：宋璟，唐南和人，武后时官凤阁舍人，左台御史中丞。睿宗时以吏部尚书同中书门下三品，后坐贬楚州刺史。开元初以广州都督召拜刑部尚书，进尚书右丞相。卢从愿，唐玄宗时官至吏部尚书。④敝箦（zé）单藉（jiè）：破烂的竹席和一只草垫。箦，竹席。藉，草垫。⑤箔：帘子。⑥憸（xiān）人：奸邪的小人。⑦鄠、杜：鄠（hèi），今陕西户县。杜，杜陵，在今陕西长安县东南。⑧庳陋（bì）：房屋低矮简陋。⑨停跸：帝王出行时沿途停留暂住。跸，帝王出行时，开路清道，禁止通行。

【译文】

卢怀慎廉洁俭朴，不置家产，不用金玉及华美的丝织品装饰衣服和器物，尽管作了高官，妻子儿女都仍然饥寒。他所得的俸禄及皇上赏赐的东西，对亲戚朋友从不吝惜，随时分发给他们，不久便分散完了。他到东都洛阳主持选拔官吏，随身所带的东西，只有一个布袋。他告病退休后，宋羡和卢从愿去问候他，见他床上铺着破烂的竹席和一张草垫子，门上没有挂帘子。正遇风雨大作，他举起席子遮风挡雨。晚上安排饭食招待他们，只有两碗蒸的豆子，几杯菜而已。临行时，卢怀慎拉着他们两人的手说："皇上极力想把国家治理好，但在位已久，渐渐对勤勉听政感到厌倦了，将有奸邪小人乘机谋取高位，你们务必记住这一点！"等到给他办理丧事的时候，家里没有积蓄的财物。……皇上后来回到京都，在鄠、杜两地围猎，望着卢怀慎的家，只见房屋低矮简陋，他的家人好像建什么，派人去打听，那人回来后说明卢怀慎家的详细情况，皇上便赐给他家人缣帛，并因此而罢猎。皇上经过卢怀慎的墓，没有树立墓碑和旌表，皇上停下来看着卢怀慎的墓，不禁落泪，随后诏令有关官吏为卢怀慎立碑，命中书侍郎苏颋撰写碑文，皇上亲自书丹上石。

德 操

唐太宗诏修谱谍

初太宗尝以山东士人尚阀阅[①]，后虽衰，子孙犹负世望，嫁娶必多取赀，故人谓之卖昏[②]。由是诏士廉[③]与韦挺[④]、岑文本[⑤]、令狐德棻[⑥]责天下谱谍[⑦]，参考史传，检正真伪，进忠贤，退悖恶，先宗室，后外戚，退新门，进四望，右膏粱[⑧]，左寒畯[⑨]，合二百九十三姓，千六百五十一家，为九等，号曰氏族志，而崔干仍居第一。帝曰："我于崔、卢、李，郑无嫌，顾其世衰，不复冠冕[⑩]，犹恃旧地以取赀，不肖子偃然[⑪]自高，贩鬻松槚[⑫]，不解人间何为贵之？齐据河北，梁、陈在江南，虽有人物[⑬]，偏方下国，无可贵者，故以崔、卢、王、谢为重。今谋士劳臣以忠孝学义从我定天下者，何容纳货旧门，向声背实[⑭]，买昏为荣耶？太上有立德，其次有立功，其次有立言，其次有爵为公、卿、大夫，世世不绝，此谓之门户，今皆反是，岂不惑邪？朕以今日冠冕为等级高下。”遂以崔干为第三姓，班其书天下。

（《新唐书·高俭传》）

【注释】

①“太宗”句：太宗，即唐太宗李世民，唐高宗李渊次子，在位23年。山东，崤函以东地方。阀阅，即伐阅，功绩和经历，指世家门第。②卖昏：索重资以嫁娶。“昏”同“婚”。③士廉：即高俭，以字行。唐武德、贞观间累官右庶子，益州大都督府长史、吏部尚书，后封许国公，迁右仆射。④韦挺：唐武德间官左卫率，贞观初迁御史大夫，后贬为豪州刺史。⑤岑文本：唐棘阳人，字景仁，贞观中为中书舍人、侍郎、中书令。⑥令狐德棻：唐华原人，高祖时为秘书丞，贞观间主修梁陈周齐隋五史，高宗朝官弘文馆学士，国子祭酒。⑦谱谍：记述氏族和宗族世系的书。⑧膏粱：比喻富贵人家。⑨寒畯：即寒俊，出身低微而才能杰出的人。⑩冠冕：仕宦的代称。⑪偃然：犹安然。⑫松櫝：墓地的代称。松潰木材可用作制棺。⑬人物：泛指有才能名望的人。⑭向声背实：名不副实。

【译文】

开始，唐太宗曾经由于山东士族崇尚门第观念，后来尽管衰落，但士族子孙仍然以世家望族自居，嫁娶时多索取重资，因而人们称为卖婚。因此唐太宗诏令高士廉和韦挺、岑文本、令狐德棻负责检察天下的谱谍，参考正史列传，检察辩正真伪，进荐忠诚贤良之士，屏退逆乱险恶之徒，先奉宗室，后列外戚，屏退新近兴起的门第，进奉过去的望族，右为名门世族，左为寒门庶人，共 293 姓，1651 家，分为 9 等，称作《氏族志》，而崔干仍旧排在第一位。唐太宗说："我对崔、卢、李、郑并无仇怨，只要看到他们门第没落，不再为官，可仍然依仗原有的地位索取财物，他们的不肖子孙安然自大，贩卖先人墓地，不知道人间什么东西最为宝贵。齐占据河北，梁、陈在江南，尽管有杰出之士，可作为偏僻的小国，没有什么值得宝贵的，因此，推崇崔、卢、王、谢家族。现在众多的谋士功臣因忠诚、孝行、学识和仁义随我平定天下，哪里容许过去的名门望族索取财物，名不副实，以买卖婚姻为荣耀呢？首先要树立圣人之德，其次要建立功勋，其次要创立自己的学说，然后才赐予爵位，分为公、卿、大夫，世代相传，这就叫做门户。现在却与此全然相反，怎能不令人疑惑呢？我以现在的官职来确定等级的高下。"因此将崔干列为第三姓，颁布天下。

宣宗训女

万寿公主①，下嫁郑颢②。主，帝③所爱，前此下诏："先王制礼，贵贱共之。万寿公主奉舅姑，宜从士人法。"旧制：车舆以镣金扣饰。帝曰："我以俭率天下，宜自近始，易以铜。"主每进见，帝必谆勉笃诲，曰："无鄙夫家，无忓[4]时事。"又曰："太平、安乐之祸[5]，不可不戒！"故诸主只畏，争为可喜事。帝遂诏："夫妇，教化之端。其公主、县主[6]有子而寡，不得复嫁。"

（《新唐书·诸帝公主传》）

【注释】

①万寿公主：唐宣宗女。②郑颢：万寿公主夫。官累弘文馆校书、起居郎、附马都尉、礼部侍郎等。③帝：唐宣宗李忱，在位 13 年。④忓（gān）：干预。⑤太平、安乐之祸：指太平公主，安乐公主谋反事。太平公主，唐高宗女，武则天所生，先天二年，谋废太子李隆基，事败被杀。安乐公主，唐中宗幼女，曾谋毒死中宗，睿宗子李隆基起兵杀之。⑥县主：皇族女子的封号。隋唐以来，封郡县，称某郡县主。

【译文】

万寿公主，下嫁给郑颢。公主为宣宗皇帝所痛爱。在此之前宣宗就曾下诏："先王制定礼法，贵贱与共。万寿公主事奉公爹公婆应遵从士民的礼法。"旧制规定：皇室车舆用金银纽扣作为装饰。宣宗说："我以俭朴作为天下楷模，应该从身边的事做起，以铜代换金银。"公主每次进见，宣宗必谆谆教导她，说："不要鄙视夫家，不要过问时事。"又说："太平公主、安乐公主谋反的祸患，不能不引以为戒啊!"所以，各公主深感敬畏，争相作让皇上高兴的事情。宣宗于是下诏道："夫妇之道，是教化的一个方面。凡是公主、郡县主有了孩子而守寡的，不得再嫁。"

传世故事

王叔文改革受挫

安史之乱后，宦官李辅国帮助肃宗李亨当上了皇帝。自此以后，宦官的权力极大，甚至掌握兵权，干预朝政，左右皇帝，中晚唐国家衰落的一个重要原因就在于此。而那时的唐朝，也确实是生产衰落，户口减少。百姓生活在水深火热之中。

德宗贞元二十一年（805）正月，六十四岁的德宗死了，太子李诵继皇帝位，后世称为顺宗。不久，他又免强支撑着在紫宸门接受了群臣的朝拜，完成了他的即位仪式。这一年的年号被改为永贞元年。

顺宗李诵对朝廷的现状极为不满，他想当一个有所作为的皇帝，想改革弊政，以使大唐朝得以中兴。在继位前，他就知道以王叔文为首的一批青年大臣有改革之志，便在继位后不久，任命王叔文为翰林学士，并按他的建议，任韦执谊为尚书左承同中书门下平章事。

王叔文是韦执谊向德宗推荐的，德宗任他为太子侍读，所以在李诵继位以前，就已经同他有良好的关系，并对他有所了解。而王叔文也确实是一个立志改革的人，他同那些与自己一样有着改革愿望的青年大臣，经常在一起谈改革。

顺宗身体不好，只好在病榻上听政了。让一个比较受他宠爱的妃子牛昭容和一个比较信得过的宦官李忠言内外传达。很多重要的事情，都让他们把话先传达给王叔文，再由王叔文考虑一个意见，传达给顺宗定夺。所以，很多重大问题的决策，王叔文都能发挥重要作用。那些与王叔文志同道合主张改革的朋友们，也都被他委以重任。他们当初设想的一些改革方案，大多得以贯彻实施。

顺宗感触颇深的，就是宫市。“宫市”就是“皇家采购”的意思。每天，皇宫都派出上百名宦官到市场上去。看见什么中意的货物，口中喊着“宫市”二字，一把夺过人家的货物，随便给人家点什么东西算做报酬，就算把人家的货物“采购”过来了。所以，他登基继位的事完成后，首先想到就事是废宫市。王叔文要求废除宫市的奏章一传上来，他马上给于批准。

王叔文还担任度支盐铁副使，正使杜佑不大管事。因此，在盐铁政策方面，杜佑就放任王叔文去管。自从设立盐铁使以来，每月有月进。表面上这是国家一项收入，实际上，盐铁使借这个名目向煮盐户和采矿户大肆搜刮，还促使盐价上涨，百姓颇多怨言。王叔文要废除月进，以平抑盐价。顺宗很快同意了。

为了节省宫廷开支，王叔文又建议裁减宫内人员。首先裁减了三百名宫女，让他们回家从事生产。不久又放还了后宫和教坊的女伎六百人。这也是一件大得人心的事。这些宫女、女伎，实际上是宫中的奴隶。放她们回家，就是解放了她们。

王叔文进行的改革，都是有利于百姓的，因此百姓无不欢呼雀跃。卧病在床的顺宗见王叔文雷厉风行，对他很满意，又让他任户部侍郎，原来的翰林学士仍旧保留。这可使那些皇帝身边的宦官们非常不满。深受顺宗信任的宦官俱文珍便唆使顺宗免去了王叔文的翰林学士一职。这表面上是要减轻王叔文的负担，实际上是想大大剥夺他参与朝政实行改革的权力。因为翰林院在宫内，顺宗有什么事就让人传给王叔文，请王叔文作决定。而户部在宫外，再想参与朝政，就多了一层障碍。幸好宫内还有友人王伾（pī）。他对王伾说："我必须能够经常进入皇宫，商量公事。削去翰林职务，我就无法进宫了。"王伾多次请求恢复王叔文翰林职务。后来，顺帝答应王叔文可以三五天进宫一次。

俱文珍对那些看不惯王叔文改革的人说："以前，王叔文总在宫内，大家以为他能力很强。就好比狐狸，当它深居山林之中的时候，人们会觉得它很神秘，甚至以为它是神灵。如果它在大街上走一趟，大家就知道它的真模样了。"

俱文珍的言行不可能不传到王叔文的耳中。特别使他感到恼火的是韦执谊的变化。他最近给王叔文捎来口信说："我现在所以还按先生的意见办事，是因为我不愿违背我们以前的誓言。”韦执谊的这段话等于告诉他，他不赞成王叔文的作法。王叔文更明白，这都是宦官和那些反对改革的人在韦执谊身上作工作的结果。他益发感到，排除宦官的捣乱是当务之急。

但是，内宫被宦官控制得比较严密，难以下手。特别是顺宗的病情不断恶化，实际上已经不能理政了，真正的大权控制在俱文珍等几个人的手里。只不过外界多数人还不知道而已。

顺宗只当了八个月的皇帝，身体就基本上支持不住了，连话都说不出来。在宦官们的操纵下，永贞元年（805）八月，已经不能说话了的顺宗李诵“宣布”让太子李纯继帝位，自己当太上皇。李纯后世称为宪宗。他虽然已经二十八岁了，可他毕竟是在宦官们的挟持之下当上皇帝的，不得不受制于宦官。他上台不久，十一月，就宣布贬王叔文为渝州（在今四川省重庆市）司户。接着，又把凡是参加王叔文改革的人都贬了官：王叔文被贬为开州（在今四川省开县）司马；韩晔被贬为饶州（在今江西省波阳县）司马；陈谏被贬为台州（在今浙江省临海一带）司马；凌准被贬为连州（在今广东省连县一带）司马；韩泰被贬为虔州（在今江西省赣县一带）司马；刘禹锡被贬为朗州（在今湖南省德州市一带）司马；柳宗元被贬为永州（在今湖南省零陵县一带）司马；程异被贬为彬州（在今湖南省彬州市一带）司马。因八位京官同时被贬为偏远地区的司马，这次事件史称“八司马事件”。后来，韦执谊也被贬为崖

州（在今海南省海口市一带）司马。

俱文珍等人对王叔文活着很不放心，因为他实行的政策毕竟是受老百姓拥护的。第二年俱文珍就派人到渝州把王叔文杀了。这次以王叔文为代表的革新活动，就这样悲惨地失败了。

（《旧唐书·德宗纪》、《新唐书·王叔文传》等）

玄宗猎场拜相

唐玄宗在东宫为太子的时候，睿宗阘弱，太平公主干预朝政，宰相姚崇与宋璟等建议请皇帝把公主迁到东都（洛阳），把诸亲王分派到各地作刺史，这样可以统一人心。睿宗把这话告诉了太平公主，公主大怒，太子也害怕了，上疏说姚崇离间宗室，请求加罪，贬为申州刺史，后来转为同州刺史（今属陕西）。

玄宗亲政后的先天二年（713），皇帝到新丰（今陕西临潼东北新丰镇）讲武。按照惯例，天子行幸到某地，方圆三百里范围的地方官都要进诣陪往。当时玄宗也曾密告了姚崇，姚崇到时，皇帝正在渭水边打猎，立即召见。玄宗说："公懂得打猎吗？"姚崇回答说："少年时学习过。二十岁时，在广成泽成天以唤鹰逐兽为业，张景藏对我说我会当皇帝的辅佐之臣，让我不要自甘堕落，所以才发奋读书，于是当官得罪了将相。年轻时既然做过猎手，老来自然还会。"皇帝很高兴，便与他一起驰逐打猎，姚崇进退快慢都很得玄宗的满意，皇帝十分喜欢。打完猎，就向姚崇谈问天下大事，谈而忘疲。玄宗说："卿应当做宰相辅佐朕。"

姚崇知道皇帝大度，锐于治国，就先故意设困难使皇帝决心更坚定，便假装不谢玄宗，玄宗就责怪他。姚崇因此跪地奏道："臣愿意上奏十件事，陛下估计行不通，臣请辞谢不做宰相。"玄宗说："请你说给朕听。"姚崇说："垂拱年间以来，一直用严刑峻法，臣请求政治先行仁恕之道，可以吗？朝廷在青海损兵折将，还不思悔，臣请求暂时不要对边疆用兵，可以吗？佞臣亲信触犯法宪，都因皇宠而未受惩治，臣请求法治从陛下身边开始实行，可以吗？后妃临朝，国家言路喉舌被阉党宦官把持，臣请求不要让宦官干预政治，可以吗？各地拿贡赋讨好上司，公卿方镇大臣以之成风，臣请在租赋之外杜绝这些，可以吗？外戚贵主轮流任职，致使朝臣班序混杂，臣请不得任用外戚官属为台省之官，可以吗？先朝皇上对大臣亵狎无礼，君臣界限不严，臣请求陛下对臣子按礼数接待，可以吗？……"玄宗听后说："可以，朕能实行。"姚崇叩首称谢。第二天，拜姚崇为兵部尚书，同中书门下三品，封梁国公，迁紫微令。

玄宗自此十分器重姚崇。姚崇曾经在皇帝面前汇报所任的部属吏官，玄宗左顾右盼，心不在焉，不说一句话。姚崇很害怕，再三进言，皇帝始终不回答。姚退朝。内侍宦官高力士说："皇帝刚刚即位，应该与大臣裁决是非。今天姚崇所说，陛下一直不回答，并不是虚怀纳诲的样子。”玄宗说：“我任姚崇以大政，大事我才与他裁决。至于任用郎吏这样的小事，姚崇也不能自决而要麻烦我吗?”姚崇这心安。从此，姚崇进用贤良，退黜奸愚，天下大治。

玄宗日理万机，对大臣们早晚都要查问，所以其它宰相都惧怕玄宗裁决，谦惮不敢多言，只有姚崇佐助玄宗裁决，所以更加得到特殊信任。

（《新唐书·姚崇传》）

太平公主权钱震天下

皇后武则天正陪着高宗皇帝坐在正殿上，忽见一个年轻人走到殿上来。只见那人身穿紫色战袍，腰悬玉带，来到皇帝和皇后的面前，又歌又舞。这时，两个人才注意到，来者前额宽宽的，下巴也是宽宽的，原来这是他们的女儿太平公主。

武则天笑着问道：“我儿为什么这般打扮?

太平公主却指着这一身男装，答道：“赏给我一个驸马，可以吗?”

两人这时才明白：女儿是想要选女婿。

太平公主很善于暗地里算计人，算计事，武则天说，太平公主这一点很像她。所以，她很喜欢自己的这个女儿太平公主。在她年纪幼小的时候，武则天就曾把她送到庙里，以为她求福。

高宗仪凤年间（676—679），吐蕃王来求婚，想让太平公主远嫁吐蕃，武后舍不得让女儿嫁到那么远的地方，不予同意。可是吐蕃不死心，连宫殿都给唐朝太平公主修好了。但武则天还是想办法拒绝了。这事拖了好几年，把女儿的婚事给耽误了。

“皇帝的女儿不愁嫁”，想要个驸马，就给他个驸马，武则天便选了一个叫薛绍的年轻人，招为驸马。但薛绍没几年后便死了。武则天又把太平公主嫁给自己的侄子武承嗣。但武承嗣又得了病，公主和他离了婚。太平公主看好了武攸暨，但武攸暨已有妻室，武则天便先派人杀了武攸暨的妻子，然后把女儿太平公主嫁给他。

武则天对这个女儿有着特殊的优待。一些军国大事，她可以参与研究讨论。各地方，各军队，她都能干预。而在财富问题上，对她的待遇就更加丰厚。

以前，亲王的封户开始时是八百户，以后逐渐增加，但加到三千户也就到头了。至于公主，最多不过三百户。而太平公主的封户竟达到了五千，而且还不断地增加。圣历年间（698—700）又给她加了三千户。

神龙元年（705），武则天病了。麟台监张易之和他的弟弟张昌宗反对太子李显即位，被凤阁鸾台平章事张柬之联合一些人杀掉了，武则天被迫把帝位传给李显，是为中宗。而太平公主参预了这件事，中宗又给她增封了五千户。还给她和安乐公主等人派了卫士，围着她们的宅第，每十步远就有一个哨位，就像皇宫一样。在她们的家设立官府和官吏。太平公主以援立中宗的功臣自居，在朝廷内外更加骄横。

中宗韦皇后的野心很大，她与武则天的侄子武三思私通，毒死了中宗皇帝，立了个小皇帝，自己却临朝听政。太平公主与楚王（后改封临淄王）李隆基密谋，诛杀韦后，拥立李旦（武则天的另一个儿子，太平公主的哥哥，李隆基的父亲）为皇帝，是为睿宗。后来，李隆基被立为太子。

太平公主因立大功，“权震天下”，而被加封万户，三个儿子封王，其他亲属也是祭酒、九卿之类的官。她每次上朝奏事，都是“漏数徙”，“漏”是那时用滴水或滴沙的方法计时的工具，意思是说她奏事用的时间很长。而且，她提出的建议也大多被采纳。她所推荐的人，也都被采用，常常某人昨天还是寒士，今天就因太平公主的推荐而为将相。朝廷大事决定不了的，要派宰相到她家请教决定。而皇帝那里只是走过场而已。

有了权，就有了更多的财富。在长安近郊，到处都是她的庄园，并且都是土质肥美的上等好田。远至东南沿海甚至岭南各地都有为她制作各种器物的作坊，各州县给她送这些器物的车辆相望于道。天下的珍异奇宝，她家里都有。为她家服务的歌伎舞女与天子的相同，穿着绫罗绸缎的奴婢们就有几百人，至于其他的奴仆管家之类有上千人。还在陇右（在今甘肃省六盘山以西及青海省青海湖以东地区）养了上万匹马。在长安城南的乐游原修建“观池”，是供她与家人游乐聚会的去处。

长安有个和尚叫慧范，很有钱。他利用这些钱结交权要，以前与张易之关系密切。张易之被诛后，反而有人说他参与了诛杀张易之，被封为上庸郡公。因为公主的乳母与慧范关系不同一般，太平公主要求授慧范三品御史大夫。御史却奏告慧范贪赃四十万，应该处死。太平公主就出面为他说情，反使奏告慧范的人受了处分。

这时的太平公主，权势已经极大了。七位宰相，五位是由她安排推荐的，还有几位大将军也都在暗地里听从她的指挥。但太平公主还是担心李隆基会削弱她的权力，便与窦怀贞、岑义、元楷慈、慧范等人密谋废太子，并安排元楷慈率羽林军到武德殿刺杀太子李隆基。

但这事被太子李隆基知道了。他先下手为强，指挥忠实于他的将军大臣，杀了元楷慈，捉拿了参与废太子的那些人。太平公主逃入南山不出来，被赐死。她的孩子和亲信被杀的有几十人。她那数不尽的田宅和堆积如山的珠宝也都被没收了。

（《新唐书·太平公主传》等）

杨国忠夺取要职　权钱无尽

“国忠”并非本名。他原来叫杨钊，是蒲州永乐（今陕西省米脂县西北）的人。年轻时，他能喝酒能赌钱，是个小痞子，乡亲本家们都看不起他。他心里想，像他这样不学无术的人，要想出人头地，只有走从军这一条路。于是，他投奔了蜀帅，当了一名称为“屯优”的小官，后来作到金吾卫兵曹参军。当时，杨贵妃已然受宠。而杨钊是杨贵妃的一个远房哥哥。杨钊就利用这一条件和那些官员们趋炎附势的心理，迅速地爬到监察御史的宝座。因为他爬得太快，又没有什么真才实学，很多人都瞧他不起。

杨钊不管这一套。当时的宰相李林甫阴谋迫害太子李亨，因为韦坚的姐姐是太子妃，他们就诬陷韦坚。作为监察御史，正好要处理这些案子。杨钊为了扩大自己的影响，巴结李林甫，便与李林甫配合，迫害韦坚，受牵连的人非常多。他在外地设立审判机构，制造大案，被捕下狱甚至被诛杀的有上百家。凡是李林甫觉得能牵涉到太子或韦坚的，只要李林甫给杨钊使个眼色，他就照办不误。当然，更主要的是要看玄宗的好恶行事。他做的事情总能讨玄宗的喜欢，也许这里还有杨贵妃的因素。

杨钊春风得意，官衔不断地长，很快就作了检校度支员外郎兼侍御史、监水陆运及司农、出纳钱物内中市买、召募剑南健儿使等职，不到一年的时间，仅带“使”字的官他就兼了十五个。后来又升为给事中兼御史中丞兼判度支事，实际上成了管理国库的要员了。

这时，正是杨贵妃最受宠的时候，她的三个姐姐全被封了夫人，两个堂兄也拜了高官，所以杨钊受到的宠幸也与日俱增。天宝八年（749），玄宗巡视左藏库，见到那里货币山积，十分高兴，把这都算做杨钊的功劳。其实这是唐朝自从建国以来一百多年的积蓄。玄宗赐杨钊金鱼袋和紫衣，这是皇帝赐与的很高的荣誉。整个国家的财政大权和控制谷物的大权都掌握在他的手中。

户部侍郎杨慎矜看出玄宗不想把太子李亨怎么样，逐渐采取中立态度。但这使李林甫和杨钊都很不高兴，李林甫的亲信、过去与他们一起诬陷太子的御史大夫王𫟹（hóng）也为这事对杨慎矜不满。于是，王𫟹便与杨钊一起诬陷杨慎矜，使杨慎矜被赐自尽。因为在这个案子中杨钊起了主要作用，从此后，杨钊的权力更大，朝廷内外，无人不怕他。

杨钊反过来又利用王𫟹的一个亲信谋反的案子大整王𫟹，因为这事牵连到谋反案，连李林甫也救不了王𫟹，王𫟹全家被杀。玄宗拜杨钊为御史大夫，取代了王𫟹，并赐名为国忠，表彰他忠于国家。杨钊从此以后更名杨国忠。

杨国忠利用这个谋反案继续追查，因为李林甫与王𫟹关系密切，结果把李林甫也牵扯到这个案子中来了，他还拉几个人给李林甫出假证，使李林甫有口难辩。玄宗此后逐渐疏远了李林甫。

南蛮国派在唐朝的人质阁史凤逃跑了，杨国忠为了显示自己的军事才能，建议派鲜于通去追捕，结果被南蛮国打得大败。而杨国忠却颠倒黑白，说鲜于通获胜，为鲜于通请功。第二次派兵去追讨，又是大败，连主帅也被人家打死。可是杨国忠送给玄宗的却是捷报。这两次战争损失二十万人，片甲无归，而竟没有一个人敢向玄宗反映真实情况。天宝十一年（752）南蛮军再次犯蜀，蜀人要求杨国忠带兵征讨，李林甫提出要求，玄宗同意了。上路前，杨国忠在玄宗面前大哭一场，泪如雨下，说是李林甫排挤他。玄宗真相信了他的话，几个月后，便把他召回来了。正好这时李林甫死了，玄宗便让杨国忠代替李林甫为右丞相兼吏部尚书，他终于爬上了一人之下万万人之上的地位。

吏部就是人事部，负责官员的任免安排，权力巨大。并且，谁要想当官，就得给他行贿。他把吏部的官员叫到自己的家里，安排官吏人选，他们说用谁就用谁，几乎没有什么规定章法。他为官二十多年，收刮受贿，皇帝赏赐，巧取豪夺，杨国忠与杨贵妃姐妹兄弟一样，成了天下最富的人家。

他在长安的宅第，在华清宫东南面，还有一套宅邸，与虢国夫人的宅邸相对，互相映衬，豪华无比。他与虢国夫人私通，几乎到了不避嫌疑的程度。他们两个经常坐着各自的车在长安城里并驾疾驶，以此取乐。

玄宗每年都要在华清宫过冬，这时他就经常到杨家的这些宅邸去作客，同时给他们大量的赏赐。

杨国忠飞扬拔扈，却成了国家和百姓的一大祸害。不久发生了“安史之乱”，安禄山就是以要求诛杨国忠为名起兵的。

马嵬坡兵谏的时候，杨国忠正在同几个外国使节谈话。将士们见了，大呼“杨国忠与外国人谋叛”，抓住他就斩首了。他的家人，自杀的被杀的，一个未剩。

当兵谏的领导人陈玄礼向玄宗谢罪的时候，玄宗说：“朕眼光不明，用人不当，近来也有所觉察，本来准备到蜀的时候再杀了他。现在你们受神灵的启示，把他斩首，也是符合朕的愿望的。

（《旧唐书·杨国忠传》、《新唐书·杨国忠传》等）

李世民教子

唐太宗李世民原来立李承乾为太子，没想到李承乾当上太子后，不仅变得骄奢淫逸，而且变得十分狂妄愚鲁，到了最后，竟然想要谋起反来。因此，唐太宗将李承乾废黜，改立第九子、晋王李治为太子。唐太宗从严酷的现实中吸取了深刻的教训，感到对子女必须要随时加以教育，才能使他们养成良好的品格，防止蜕化变质。

以后，唐太宗十分注意时刻地教育太子李治。吃饭时，李世民常指着饭菜对李治说：“你如果能够时时记住耕种粮食的艰辛，就能经常有这样的饭吃了。”骑马的时候，他又指着马匹对儿子说：“你如果懂得马也应该有劳有逸，不让它把力气耗尽，那么就可以经常有马骑坐了。”见到船只，李世民语重心长地教诲太子：“水能够载着船只，让它平稳地行驶，但是也可以掀起恶浪，将船弄翻。老百姓就和这水一样，君王则像船只。这个道理，古人早就讲过。要让水平稳地载着船只，就必须要特别当心！”父子两人同在树底下休息，唐太宗也会利用背靠的大树来教诲儿子一番。他对儿子说：“像你靠着的这棵树，以后用它来做东西，如果用墨绳来量它，就可以使它又直又正。墨绳就好比各种规矩，帝王如果能够随时听取下面的劝谏，就等于是用墨绳时时量量自己，这样才会变得圣明！”就这样，李世民利用生活中的一点一滴耐心教诲儿子，使他逐步懂得各种各样的道理。

李世民的女儿平阳公主下嫁给了薛万彻。有一次，有人在唐太宗面前说道：“薛驸马没有什么才气！”平阳公主知道此事后，深以为耻，从此以后，她便不愿意和丈夫在一起出头露面。就这样，小夫妻俩感情上有了隔阂，一连数月都是如此。

李世民后来知道了小夫妻俩的情况，不禁哈哈大笑。为了使小夫妻俩能够和好如初，他便想了个极其巧妙的办法。有一天，唐太宗找了个机会，专门摆下宴席，请平阳公主和薛万彻一道来赴宴。酒席间，李世民故意只和薛万彻一人谈笑风生，还时不时地提一提薛万彻的长处。到后来，李世民又和这个女婿玩比手劲的游戏。两人商定，谁输了就将自己身上的佩刀送给对方。商议停当，翁婿俩兴致勃勃，一齐下了酒席，同时握住一柄长矛，较起手劲来。薛万彻本不是李世民的对手，可唐太宗故意要输，佯装比不过女婿，一面连连喊着：“输了，输了！”一面将自己身上的佩刀解下来，亲自给薛万彻佩上。

这一天，大家都玩得十分开心。最主要的是，平阳公主见父亲一点也没有轻视自己的丈夫，相反，似乎还十分看重，心理上便发生了变化。酒席散后，薛万彻正想骑马回家，平阳公主却急忙喊住丈夫，叫他和自己同乘一辆车回家。李世民在一旁看在眼里，不禁微微而笑。从此以后，平阳公主和薛万彻夫妻俩不仅消除了隔阂，反而比从前又亲密了不少。

可见，教育的方式是多种多样的，李世民教子女，既有直接教育，也有间接教育，关键在于抓住要害，对症下药，这样就能收到事半功倍的效果。李世民教女儿平阳公主，不置一词，却效果绝佳，可谓高明之极！

（《新唐书·太宗本纪》等）

潘好礼其人其事

潘好礼，唐代贝州宗城（今河北威县东）人。他是明经科进士出身，官至上蔡县令。在任期间政绩突出，考绩评语极好，所以被升为监察御史。又因犯小过，改官芮城县令，拜侍御史，任歧王府司马。开元初年，任邠州府长史。邠州王李守礼任滑州刺史，潘好礼又兼任刺史府司马。李守礼治下不严，便令潘好礼监督自己家亲属。潘好礼谨守职责，凡其家属有过失，均报告李守礼。

邠州王好游乐，每次出游，潘好礼必然进谏劝阻。有次正当农事繁忙季节，李守礼想要出去打猎。部属及仆役等都已准备停当，齐集一处，就要出发了。潘好礼挡在道中，进谏劝阻。李守礼不肯听，潘好礼便卧于马下，大呼道："现在农夫都在田中辛勤劳作，殿下怎么能够在这种时候出外打猎，损坏田中庄稼禾苗，让百姓受损！请您先踩死我这司马，然后任您为所欲为！"李守礼听他一番劝谏之语，又见他舍命谏阻，感到惭愧，只好作罢。

后来，潘好礼升任豫州刺史，同样尽力治理地方，十分清廉，一无所私。

他的儿子想要参加明经考试，潘好礼因是明经进士出身，深知其中甘苦，便劝儿子说："如果你对五经之文不能够透彻了解、十分熟悉，不能随便就去参加考试。"于是，他亲自出题，考考他的儿子。他的儿子并未完全熟读、理解五经之文。潘好礼为此大怒，狠狠将儿子笞打一顿，然后像对待那些违规的考生一样，给儿子戴上枷锁，在衙门口示众。如此家教，世所罕有。

（《新唐书·潘好礼传》）

教子亦需重德

唐代宋令文，高宗时任东台详正学士之职。他富于文辞，而又工于书法。此外，他的力气也大得惊人，无人能与他相比。有人养了一头牛，力大无比，专爱以牛角抵人，没有一个人敢碰它一碰。宋令文赤手空拳上前与牛相搏，拔其角、折其颈而杀之，旁人都为之吃惊。因为宋令文既能诗文，又善书法，更勇武有力，一人而兼三种本领，所以人称“三绝”。

十六国前赵时，有个人叫做刘殷，他为人处世恭谨有节操。刘殷一共有七个儿子，他便有意识地教他们每人读一种书，五个儿子分别授以《诗》、《书》、《易》、《礼》、《春秋》五经；其余两子，一个授以司马迁的《史记》，一个授以班固的《汉书》。这样，一家之中，七种学业齐全，成为当时有名的学问之家。（这个故事已见于前）宋令文不知是想要仿效古人，还是英雄所见略同，他有三个儿子，便有意识地将自己的“三绝”分别教给他们。潜移默化下，三个儿子终于各擅其一门：宋之问长于文章，成为著名的文学家；其弟宋之悌勇猛善战，是一名武将，开元年间（713—741）曾任剑南节度使、太原尹；二弟宋之蟒曾任连州参军，工于草书、隶书。宋令文的文辞、勇力、书法，可说是全都得到了继承。

宋令文虽善于教儿子们技艺，却似乎并没有注意教育儿子重视品行。其子宋之问以文学称，与同时的沈佺期齐名，文学史上并称“沈宋”，但其品行很差。武则天朝，张易之得宠于武则天，宋之问与阎朝隐、沈佺期、刘允济等均一味阿谀逢迎，巴结张易之，他还写了不少诗赋之类吹捧张易之等。更为不堪的是，他竟下贱到为张易之捧便器的地步。等到张易之被诛，他与拍马逢迎的人同时被贬，他被贬为泷州参军。不久，他却又逃归洛阳，藏在张仲之家。其时武三思正得势，张仲之与人密谋要杀武三思以安王室，宋之问得知，立即去告密，由此被提拔为鸿胪主簿。宋之问这种无情无义、不顾廉耻、卖友求荣的行为，尽管求得了暂时的利益，却为天下人所不齿。至此，宋之问并没有悔过自新，后又投靠太平公主。等到安乐公主势盛，他又回过头来投靠安乐公主。太平公主十分恨他，将他过去主持贡举时受贿的丑事揭露出来，他因此被贬为越州长史。唐睿宗时又流放钦州，后朝廷索性又将他赐死。临死前，他仍表现出一副软骨头的卑贱相。终其一生，均可以“文人无行”四字来概括之。然而宋之问最终还是死于自己的小聪明。

从宋令文的教子，我们可以得到正反两方面的教训。可见，教子女以技艺固然重要，但教以品行更为重要。

（《新唐书·宋之问传》）

人物春秋

一代女皇——武则天

武则天，并州文水人。太宗文德皇后去世后，许久，太宗听说武则天长得美，召她入宫为才人，当时她才十四岁。才人的母亲杨氏，和女儿告别，失声痛哭，才人却仍同往常，她说："能见到天子，怎知不是福分，为什么要像女孩子那样悲伤呢！"才人见到太宗后，太宗赐给她武媚的称号。等到太宗去世，才人与太宗的侍妾、宫女都当了比丘尼。高宗当太子的时候，入宫侍奉太宗，见到才人后很喜欢。高宗王皇后长期无子，萧淑妃正受到高宗的宠幸，王皇后暗地不悦。有一天，高宗经过佛寺，才人见到他后直流眼泪，高宗的感情受到触动。王皇后查知这一情况，将才人领进后宫，希望借此使萧淑妃的得宠受到削弱。

才人有权术，诡诈多变。起初，她低声下气、卑躬屈节地侍奉皇后，皇后高兴，多次在皇帝面前称赞她，所以她被进封为昭仪。一旦她受天子的眷顾、宠幸超过萧淑妃，便逐渐与皇后不和。皇后性情高傲庄重，不会曲意奉承，而她的母亲柳氏见到宫女和女官时不讲外表的礼节，所以昭仪有机可乘，她发现皇后薄待的人，必定勤交结，得到天子的赏赐，全都分送给她们。因此皇后和淑妃的所作所为，昭仪必定知道，知道了就报告天子，但还没有找到足以攻击她们的材料。昭仪生了一个女儿，皇后前来看望、逗弄孩子，皇后离开后，昭仪偷偷在被里把女儿掐死，等到皇帝到来，昭仪佯装高兴地和皇帝交谈，一会儿掀开被子看女儿，已经死了。她又吃惊地询问左右的人，都说：“皇后刚才来过。”昭仪立即放声痛哭，皇帝不察实情，发怒道：“皇后杀死我的女儿！过去她与淑妃互相说坏话、嫉妒，现在又如此可恶！”从此昭仪得以在天子那里不断地诋毁皇后，皇后无法解释清楚，因而皇帝对昭仪更加相信和宠爱，开始有废掉王皇后的意思。许久，天子想进封昭仪为“宸妃”，侍中韩瑗、中书令来济说：“天子的妃嫔有一定的数目和称号，现在另立封号，是不合适的。”昭仪于是诬告皇后与她的母亲请巫师施厌胜术，诅咒昭仪，皇帝对皇后心怀旧恨，因此认为昭仪的话符合实情，准备废掉皇后。长孙无忌、褚遂良、韩瑗及来济坚持冒死争辩，皇帝犹豫不决；而中书舍人李义府、卫尉卿许敬宗一向邪佞不正，窥测形势即上表请求立昭仪为皇后，皇帝不再犹豫，下诏废掉王皇后。命令李勣、于志宁手捧玺印进封昭仪为皇后，又命令群臣及四方少数民族酋长到肃义门朝见皇后，宫廷内外受有封号的妇女入宫谒见皇后。群臣自此开始朝见皇后了。

皇后到宗庙见祖先。天子又追赠皇后的父亲武士彟官至司徒，爵位周国公，谥号忠孝，在高祖庙陪从受祭；母亲杨氏，又进封代国夫人，赐给她家在魏州的封户一千。皇后于是作《外戚戒》献给朝廷，以消释人们的非议。于是她贬逐长孙无忌、褚遂良，至于处死、流放，可谓荣宠炽盛，威势显赫。武则天心机深隐难测，柔媚驯服，不感到羞耻，皇帝以为她能侍奉自己，所以违背公议立她为皇后。等到她一得志，就窃取权力，扬扬自得，无所畏避。皇帝也懦弱、糊涂，皇后全能加以钳制、约束，使他不得自作主张，这样时间长了，皇帝渐觉不平。麟德初年，皇后召术士郭行真入宫施行用诅咒害人的邪术，宦官王伏胜向天子告发这事，皇帝发怒，因此召见西台侍郎上官仪，上官仪指出皇后独断专行，任意而为，使天下人失望，不宜奉祀宗庙，正和皇帝的心意相合，皇帝于是催促他草拟诏书废掉皇后。皇帝左右的人跑去报告皇后，皇后急忙到皇帝那儿为自己申诉，皇帝羞涩畏缩，又像原先那样对待皇后，还猜测皇后会怨恨，对她说："这都是上官仪教我的！"皇后示意许敬宗诬陷上官仪，将他杀掉。

开初，天子的长舅、大臣违旨，没过多久就被杀灭，人们在路上相遇都不敢说话，只以目示意，等到上官仪被杀，政权就都归于皇后，天子不过拱手无为而已。群臣朝见、四方奏章，都称呼"二圣"。每次临朝处理政事，殿中放下帘子，皇帝与皇后相对而坐，生杀赏罚都听皇后吩咐。当她狠心决断的时候，虽是她很宠爱的人，也不稍加怜悯。皇帝晚年患风邪病厉害，身体不支，天下的事情全交付给皇后。皇后于是接连做一些太平年代的以文教治民的事情，聚集诸儒于皇宫的殿堂内，撰成《列女传》、《臣轨》、《百僚新戒》、《乐书》等书，大致有一千余篇。皇后又让学士们秘密裁决群臣的奏议，以分宰相的权。

原先，武士彟娶相里氏，生儿子元庆、元爽。又娶杨氏，生三个女儿；大女儿嫁给贺兰越石，很早就守寡，被封为韩国夫人；二女儿就是皇后；三女儿嫁给郭孝慎，早亡。杨氏因为皇后的缘故，蒙受的恩宠日盛，改封为荣国夫人。起初，士彟哥哥的儿子惟良、怀运与元庆等待杨氏和皇后礼薄，皇后怀恨在心。到这时候，元庆任宗正少卿，元爽任少府少监，惟良任司卫少卿，怀运任淄州刺史。有一天，荣国夫人设宴，酒正喝得高兴，对惟良说："你们还记得从前的事吗？现在有什么话好说？"惟良回答说："惟良等有幸以功臣子弟的身分列居于朝廷，最近因为是外戚而进身，只感到忧虑而不觉得荣耀。"荣国夫人发怒，示意皇后假意退让，请求天子让惟良等出任地方官，以免向天下人显示天子有私心。因此，惟良出任始州刺史；元庆任龙州刺史；元爽任濠州刺史，不久犯罪死于振州。元庆到了龙州，因忧虑而去世。韩国夫人出入宫中，有一个女儿姿容极美，均受皇帝宠爱。韩国夫人去世，她的女儿被封为魏国夫人，皇帝想让她担任宫廷女官，因害怕皇后，不能决定，皇后心里很嫉妒，正好天子到泰山祭天，惟良、怀运以地方长官的身分会集于泰山，又随从天子回京师，皇后毒死魏国夫人，归罪于惟良、怀运，将他们杀死，改他们的姓为"蝮"，让韩国夫人的儿子贺兰敏之承继士彟的血脉。起初，魏国夫人去世，敏之入宫吊唁，皇帝极其悲痛，敏之只哭不说话。皇后说："这孩子怀疑我！"皇后厌恶他。不久敏之被贬逐而死。杨氏又改封蘉、卫二国夫人，咸亨元年去世，追封鲁国夫人，赐谥号"忠烈"，命令文武官员九品以上及杨氏的五服以内亲属与宫廷外有封号的妇女都往杨氏的宅第吊唁，用亲王的礼仪葬杨氏，官府供给手持班剑、羽葆的仪仗队和鼓吹乐。时天下大旱，皇后假意上表请求离开皇后的位置，天子不允许。不久天子又加赠武士彟为太尉兼太子太师、太原郡王，鲁国忠烈夫人杨氏为太原郡王妃。

上元元年，皇后进尊号为天后，提出十二条建议：一、鼓励种田养蚕，减轻赋税徭役；二、免除三辅地区的徭役；三、停止战争，用道德教化天下之人；四、南、北、中尚署都禁止制作没有实际用处的奇巧之物；五、减省各种工程费用和百姓的劳役负担；六、广开言路；七、堵塞谗言；八、王公以下都必须学习《老子》；九、父亲仍在世，为死去的母亲服丧，着齐衰三年；十、上元以前的勋官，朝廷已给凭证的，不复追查核实；十一、京官八品以上的增加薪俸；十二、官吏长期任职、才能高地位低的可以进阶升级。皇帝下令施行这些建议。

萧淑妃的女儿义阳、宣城公主被幽禁在宫中旁舍，年近四十尚未出嫁，太子李弘把这事告诉皇帝，皇后大怒，毒死李弘。皇帝准备下诏把皇位让给皇后，宰相郝处俊坚持劝谏，皇帝于是没有这样做。皇后想要向外显示自己的宽大，以取人心，使天下人归附自己，就向天子进言说："现今群臣交纳一半薪俸、百姓交纳人口税以供给边防军队，恐怕四方异族会因此而胡乱揣度国家的虚实，请求把这些负担一律免除。"皇帝同意。

仪凤三年，群臣、四方少数民族酋长在光顺门朝见皇后。同年，又在并州建太原郡王庙。皇帝头晕不能视物，皇帝的医官张文仲、秦鸣鹤说："这是风邪上升，用针刺头出血可以治好。"皇后心里正庆幸皇帝病危，自己可以独断专行，所以听到这话后生气地说："这应该斩首，皇帝的贵体哪里是可以用针刺的地方？"医师跪下磕头，请求保全生命。皇帝说："医师议论疾病，怎么可以定罪？而且我受不了，就听任他们治吧！"医师用针刺了两次，皇帝说："我的眼睛能看清东西了！"话还没有说完，皇后就在帘子里拜谢了两次，说道："这是上天赐给我们的医师啊！"她亲自把丝织物赐给医师。

皇帝去世，中宗即帝位，天后改称皇太后。高宗皇帝的遗诏说，军政大事听凭太后参与决定。嗣圣元年，太后废中宗为庐陵王，亲自临朝听政，让睿宗即帝位。太后坐在武成殿，睿宗率领群臣进上尊号、册书。三天之后，太后临殿前平台，命礼部尚书代理太尉武承嗣、太常卿代理司空王德真册立继位的皇帝。从此太后常到紫宸殿，挂上浅紫色的帷帐处理政事。

柳州司马李敬业、括苍县令唐之奇、临海县丞骆宾王憎恶太后威迫、放逐天子，恨到极点，于是召募兵士，杀死扬州大都督府长史陈敬之，占据扬州想迎立庐陵王，聚众达到十万人。楚州司马李崇福同李敬业等联合。盱眙人刘行举据城固守不肯跟从李敬业。李敬业进攻盱眙，没有攻下。太后任命刘行举为游击将军，提拔他的弟弟刘行实为楚州刺史。李敬业夺取润州，杀润州刺史李思文，曲阿县令尹元贞率兵抵抗，败亡。太后命令左玉钤卫大将军李孝逸为扬州道行军大总管，率兵三十万讨伐李敬业，在高邮与李敬业作战，前锋左豹韬卫果毅成三朗被唐之奇杀死。太后又任命左鹰扬卫大将军黑齿常之为江南道行军大总管，与李孝逸合力讨伐李敬业。李敬业起兵三个月后失败，他的首级传送到东都，三州于是平定。

起初，武承嗣请求太后设立七庙供奉武氏七代祖先，中书令裴炎阻止，等到李敬业起兵，太后将裴炎下狱，杀了他，又杀死左威卫大将军程务挺。太后感到愤怒，有一天，召集群臣在朝廷上当面责问他们道："朕没有什么对不起天下人的地方，你们知道吗?"群臣连声称是。太后说："朕辅佐先帝超过三十年，为天下人而担忧操劳。你们的爵位富贵，是朕给予的；天下人的安闲逸乐，是朕培育的。先帝丢下群臣而去，以国家相托，朕不敢爱惜自己，而知道爱民，现在成为叛乱主谋的人都是将相，为什么这样快就辜负朕呢?而且接受先帝遗命辅政的老臣中，傲慢跋扈难于控制有像裴炎的吗?当代的将门子孙中能收聚逃亡者的，有像李敬业的吗?老将中英勇善战，有像程务挺的吗?他们都是人中豪杰，不利于朕，朕能将他们杀掉。你们中有才能超过他们想造反的，请早点动手。如果不想这样，那就恭恭敬敬地侍奉朕，不要让天下人讥笑你们。"群臣跪下磕头，不敢仰视，都说："听陛下吩咐。"

后来，太后下诏，假装像要把政权归还给睿宗似的。睿宗估计并非太后本意，坚持请求太后临朝听政，太后下诏同意。于是太后下令铸造一个大铜匦，东边一室题名“延恩”，接受求赏赐者的自述；南边一室叫“招谏”，接受议论时政得失的奏疏；西边一室叫“申冤”，接受有冤屈者的申诉；北边一室叫“通玄”，接受观测天象灾异预言未来的文字和有关军事机要的秘密计策。

太后不惜爵位，用它笼络四方豪杰辅助自己，虽是狂妄男子，言谈只要符合己意，就不按寻常的次序任以官职，至于不称职，接着或罢免或诛杀，从不稍加宽纵，致力于选拔真正的贤才。太后又害怕天下有图谋反叛的人，下诏允许直接向朝廷密告谋反事件，有告密的人，所在地方供给轻便驿车和五品官的饮食，送他们到京师，太后即时召见，用厚利的诱惑、官爵的赏赐打动告密者。凡报告谋反之事，官吏不得究问，即使是农人樵夫，太后也亲自接见，命鸿胪寺的客馆供给食宿。对告密者，有敢于拖延不送的，按被告发人的罪名论处。因此向朝廷密告谋反事件的人遍布全国，人人都不敢多说。

新丰县因地震而涌出一座山，太后认为是祥瑞，下令赦免该县的囚犯，改新丰县为庆山县。荆州人俞文俊上书说：“人气不和，身上就会长出肉瘤；地气不和，地上才会生出土山。现在陛下以太后而居于帝位，所以山变化形成灾害，臣以为并非常事。”太后发怒，把他流放到岭南。

太后命令毁掉乾元殿建造明堂，让僧人薛怀义当使臣监督这项工程。薛怀义，鄠县人，本姓冯，名小宝，身躯魁梧，色欲极强，在洛阳市场上装疯，受到千金公主的宠爱。公主报告太后说："小宝可入宫侍奉太后。"太后召见小宝，与他私通，很喜欢他。太后想掩盖与小宝私通的痕迹，使小宝得以出入皇宫，于是就让他剃发为僧，担任白马寺寺主。又命他改姓名，与太平公主的丈夫薛绍互认为同族，叫薛绍将他当父辈来侍奉。又供给他御厩的马匹，出入有宦官充任侍从，即使是武承嗣、武三思，对他也都十分恭谨。到这时候薛怀义监造明堂，动用民工数万名，大木头一般一根要一千人才能拉得动。他又测量明堂后面的土地建造天堂，建筑宏大、华丽、庄严、幽深。明堂、天堂建成，太后封薛怀义为左威卫大将军、梁国公。

太后在西京建造崇先庙，供奉武氏祖先。武承嗣在洛水的石头上伪造刻辞，以此诱导太后称帝，派雍州人唐同泰献上石头，太后为它命名，称为"宝图"，并提拔同泰为游击将军。汜水人又进献吉祥的石头，太后于是在南郊祭祀天帝，感谢上苍的赐予。太后自称圣母神皇，制作圣母神皇玺印，又改称"宝图"为"天授圣图"，改称洛水为永昌水，给得到圣图的地方命名，称"圣图泉"，在洛水坛左刻石，文字是"天授圣图之表"，又将汜水县改名为广武县。当时，皇室失去权力，朝廷的重臣大将都屈从太后，不能有所作为，宗室和失去依靠的皇室异姓亲属没有立足之地。于是，韩王李元嘉等图谋起兵，给全国起带头作用，以迎回中宗。琅邪王李冲、越王李贞首先行动，因时间匆促未得到诸王响应，于是失败。李元嘉与鲁王李灵夔等都自杀，其余全由于犯罪被杀，诸王受牵连几乎死尽，他们的子孙虽仍在襁褓之中也被放逐到岭南。太后亲自拜洛水，接受“天授圣图”，睿宗率领太子、群臣、少数民族酋长依次排列，大量珍禽、奇兽、贡品、仪仗陈列于洛水坛下，一起到受图典礼结束后太后才离开。

永昌元年，在万象神宫祭祀。太后改穿衮冕，腰带上插着大圭，手里拿着爵，睿宗第二个献，太子第三个献。第一次是合祭天地，五方帝、众神随从受祭，以唐高祖、太宗、高宗配享，又拉上魏王武士彟随从配享。太后在万象神宫颁布九条政令，用它教导百官，于是大宴群臣。

载初年间，太后又在万象神宫祭祀。祭皇地祇时，以唐高祖太穆、唐太宗文德二皇后配享，又拉上周忠孝太后随从配享。造“曌”为自己的名字。改称诏书为制书。确定以周、汉两朝的王族后裔为“二王”，虞、夏、殷三朝的王族后裔为“三恪”，废唐皇族名册。太后拜怀义为辅国大将军，又封他为鄂国公，春官尚书李思文诡称：“《周书·武成》篇中，有‘垂拱天下治’的话，是太后受命于天的凭证。”太后高兴，把这些都颁布于天下，逐渐图谋改朝换代。但害怕人心不肯归附，于是她阴毒残忍，大肆杀戮，借以恐吓天下之人。她暗中怂恿酷吏周兴、来俊臣等数十人为爪牙，有不满意或一向疑忌的人，必定用酷法陷害。唐皇族侯王及其他正直大臣、将相大批被杀，鲜血染红监狱，家家不能自保。太后不过手拿梳妆用具坐在皇宫的层层帷幕之中，而国家的权力却转步控制在她手中。

御史傅游艺率领关内父老请求太后顺应天命，实施变革，改皇帝的姓氏为武。又胁迫群臣坚持请求，胡说凤凰停留于上阳宫，赤雀出现在朝堂上。天子心中不安，也请求赐姓武氏，表示天下武姓为尊。太后知道权柄掌握在自己手中，于是大赦天下，改国号为周，自称圣神皇帝，旗帜尊尚赤色，以睿宗皇帝为皇位继承人。

太后虽然年高，却擅长修饰自己的容貌，即使她左右的人，也没有感觉到她的衰老。不久她长出两颗新牙，下诏改年号为长寿。第二年，在万象神宫祭祀，太后自编大型乐舞，所用舞蹈者达到九百人。祭祀时太后让武承嗣第二个献盛了酒的爵，让武三思第三个献。睿宗作为皇位继承人，公卿大臣往往能见到他，正好尚方监裴匪躬、左卫大将军阿史那元庆、白润府果毅薛大信、监门卫大将军范云仙暗中晋见睿宗，都被押赴闹市腰斩，所以从此公卿大臣不敢再晋见睿宗。

有人上密封的奏章，说被流放到岭南的人图谋造反，太后派代理右台监察御史万国俊前去查验，告诉他符合实情就定罪判决。万国俊到广州，召集所有被流放的人，诈称皇帝的命令，赐他们自尽，被流放的人都大声哭叫，心中不服，万国俊将他们赶到水边，让他们无法逃跑，一天就杀掉三百多人。然后捏造事实向太后报告，说被流放的人都心怀不满，请求将他们全部除掉。于是太后派右卫翊府兵曹参军刘光业、司刑评事王德寿、苑南面监丞鲍思恭、尚辇直长王大贞、右武卫兵曹参军屈贞筠，都任代理监察御史，分别到剑南、黔中、安南等六道审讯被流放的人，而提拔万国俊为左台侍御史。刘光业等人也想从朝廷求功名，杀人唯恐不多。刘光业杀死的人有九百，王德寿杀七百人，其余也不少于五百人。太后很久后才知道这些人是冤枉的，下令把六道使者所杀害的人的灵柩送回他们的家中。万国俊等人也相继死去，死时都见到有异物作祟。

太后又自加尊号，称金轮圣神皇帝，在朝廷上设置七种宝物：金轮宝，白象宝，女宝，马宝，珠宝，掌兵臣宝，掌府库臣宝，一般有大朝会的时候就把它们陈列出来。太后又尊武氏显祖为立极文穆皇帝，太祖为无上孝明皇帝。延载二年，武三思率领少数民族酋长和一些受人敬重的老人请求建造天枢，记载太后的功德，借此贬唐兴周，太后下诏同意，派纳言姚铸负责监造。于是大量收聚铜铁放在一块熔炼，铸造成天枢，题名为“大周万国颂德天枢”，设置于端门外。它的形状像柱子，高一百零五尺，八面，每面单宽五尺，将铁铸成山形作它的基础部分，铁山上载有铜龙，铁山四周还有用石头雕凿成的怪兽环绕。柱顶铸一个云形的盖，盖上铸一颗大珠，高一丈，圆周长度是高的三倍。又铸造四条蛟龙捧着大珠，每条蛟龙长一丈二尺。天枢的山形基础圈围一百七十尺，高两丈。大概用铜铁二百万斤。于是把群臣、少数民族酋长的姓名全刻在天枢上。

太后对薛怀义的宠幸渐衰，而御医沈南璆却得到太后的宠幸，薛怀义大为不满，于是放火烧明堂，太后感到羞愧，掩盖真相不予揭露。薛怀义更加凶暴放肆，怏怏寡欢。于是太后密令太平公主挑选若干健壮妇女，在殿中把薛怀义捆绑起来，命令建昌王武攸宁、将作大匠宗晋卿率领壮士将薛怀义击毙，用运泥车把他的尸体送回白马寺。薛怀义依仗太后的宠爱，气焰压倒当世之人，超出于百官之上，他的门徒大多犯法，御史冯思勖揭发他的恶行，薛怀义发怒，有一次在路上与冯思勖相遇，薛怀义命令自己的随从殴打冯思勖，几乎将他打死，而冯思勖不敢言语。突厥默啜侵犯边地，太后拜薛怀义为新平、伐逆、朔方道大总管，带领十八个将军的部队攻打胡兵，宰相李昭德、苏味道甚至充当他的行军长史、司马。后来薛怀义讨厌进入宫中，暗中召募有力气的少年一千人当和尚，预谋叛乱。侍御史周矩揭发他的罪状请求太后查治，太后说："你姑且出去，朕将让薛怀义到法庭去。"周矩坐在御史台办公，一会儿，薛怀义驱马驰入御史台的庭院，径直到大床上坐下，周矩召来官吏准备接受口供，薛怀义立即骑马离开。周矩将这事报告太后，太后说："这个和尚一向狂妄，不值得惩治，那些有力气的少年听任你彻底查问、处理。"周矩将他们全流放到贫困边远地区。后来薛怀义陷害周矩，不久周矩就被免官。

太后在南郊祭天，以文王、武王、武士彟和唐高祖一起配享。太后加天册金轮圣神皇帝的尊号。于是在嵩山祭天，在少室山祭地，册封山神为帝，他的妻子为后。嵩山的祭坛南边有一棵大槲树，当在山上祭天发布大赦令的时候，把鸡放到槲树枝头，太后于是赐名"金鸡树"。

自从薛怀义死后，张易之、张昌宗兄弟就得到太后的宠幸，于是设立控鹤府，置监、丞和主簿、录事等职，控鹤监是三品官，让张易之担任。太后自己觉察到封武氏家族诸人为王不符合天下人的意愿，在这之前，中宗自房州回神都，又立为皇太子，太后害怕自己去世后武氏被唐皇族欺压伤害，死无葬身之地，就领着武氏诸人和相王、太平公主在明堂立誓，并祭告天地，把誓文铸刻在铁券上，藏于史馆。太后下令改昊陵署为攀龙台。久视初年，改控鹤府为天骥府，又改为奉宥府，监改为令，左右控鹤改为奉宸大夫，张易之又任奉宸令。

神龙元年，太后有病，长时间不能平复，居住于迎仙院。宰相张柬之与崔玄晖等定计，请求中宗率兵入宫杀张易之、张昌宗，于是羽林将军李多祚等带兵自玄武门入宫，杀二张于迎仙院旁。太后知道事变，从床上起来，桓彦范上前请求太后传位给太子，太后回身躺下，不再说话。中宗于是即帝位。将太后迁移到上阳宫居住，中宗率领百官到上阳宫观风殿向太后问安，以后中宗大概每十天一次到上阳宫问候太后，不久改成每月初一、十五朝见太后。中宗下令废除奉宸府的官职，将东都武氏七庙的神主迁移到西京崇尊庙，改崇尊庙为崇恩庙，又下令恢复唐朝的宗庙。凡武氏诸人封王的全部降爵。这一年，太后去世，年八十一岁。遗诏说去掉帝号，改称则天大圣皇太后。太后去世后定谥号为则天大圣皇后，合葬于高宗乾陵。

武三思与中宗韦庶人淫乱，武三思再次当政，出现大旱，中宗派人到乾陵祷求则天皇后，竟立即下雨。武三思引诱皇帝下诏规定武氏崇恩庙照旧祭祀，礼仪像太庙一样，斋郎用五品官的儿子充任。太常博士杨孚说：“太庙斋郎选取七品官的儿子充任，现在崇恩庙斋郎选取五品官的儿子，不合适。”皇帝说：“太庙也像崇恩庙一样，可以吗?”杨孚说：“崇恩庙是太庙的家臣，臣以君为标准是逾越本分，而君以臣为标准就是迷乱了。”皇帝于是停止用五品官的儿子充任崇恩庙斋郎。等到韦氏、武氏的党派被诛灭，天子下令则天大圣皇后又改称为天后，废除崇恩庙及武氏诸陵。景云元年，天后改称大圣天后。太平公主干预朝政，请求恢复设立昊、顺二陵的守陵官，又追尊太后为天后圣帝，不久改称圣后。太平公主被杀，天子下令废除周孝明皇帝称号，仍改为太原郡王，孝明皇后改为太原郡王妃，又废除昊、顺等陵。开元四年，追称太后为则天皇后。太常卿姜皎建议：“则天皇后配享于高宗庙，神主题作天后圣帝，不正确，请求改题为则天皇后武氏。”天子下诏同意。

旧五代史

《旧五代史》概论

《旧五代史》，原称《梁唐晋汉周书》或《五代史》、《五代书》。由北宋薛居正于宋太祖开宝六年(973)四月至七年闰十月奉旨监修，卢多逊、张澹、李昉等同修。后欧阳修撰成《五代史记》，称为《新五代史》，遂称薛史为《旧五代史》。原书已经佚失，现行本为清代乾隆四十年时的辑本。全书一百五十卷，记叙公元907年至959年共五十三年间中原地区后梁、后唐、后晋、后汉、后周五个王朝以及南北方的吴、南唐、吴越、楚、闽、南汉、前蜀、后蜀、南平、北汉等十个割据政权的史实，是记载五代十国各民族历史的一部重要的官修正史。

一

薛居正，字子平，开封浚仪（今河南开封市）人。生于后梁乾化三年（912），卒于北宋太平兴国六年（981）。后唐清泰初年进士及第。后晋由华州署府从事累迁至开封府判官。后周迁比部员外郎，领三司推官，累官至刑部侍郎。入宋后历任户部侍郎、兵部侍郎、吏部侍郎，兼判门下侍郎事，后官至门下侍郎平章事（宰相）。北宋开宝六年（973）四月，以副相身份受诏监修《五代史》。

薛居正一生为官勤勉清正，屡有政绩；为人性孝行纯，谦和谨慎。自幼好学不倦，善著述，有辅公之才。宋初居官二十年，深得太祖、太宗两朝君主赏识。又兼身经六朝，历仕四代，熟谙五代掌故，目睹王朝藩国的盛衰陵替。宋初循宰相修史旧例，监修《五代史》的任务，就自然落到了薛居正身上。

与薛居正同修《五代史》的，还有卢多逊、李穆、李昉、扈蒙、张澹、刘兼、李九龄诸人，都是当时文坛耆宿、学界名流。在以薛居正为首的这一编撰班子中，除李九龄为入宋初仕者外，其余皆为历仕数朝的遗老旧臣。他们身经朝代更迭、世事沧桑、战乱流离、生灵涂炭的悲惨历史，又感恩于畴昔故主先王的知遇提携，感情是复杂、矛盾的，感触是深刻、沉重的，因而在涉及一些具体的人、事时常常褒贬并存、瑕瑜互见。他们对五代乱世有切肤之痛，这种深切的体验汇入笔端，在《旧五代史》的诸多纪传志序中就表现出自己对于王朝兴废、政治得失、军事胜败的深刻反思，其中不乏精辟的见解，体现出具有进步意义的史学观点。

首先，在对五代十国频繁的王朝兴废究竟是系乎天命，还是在于人谋这一重大命题的探索上，作者提出了王朝兴废关键不在于天，而在于人的进步史学观点。通观《旧五代史》，几乎所有纪论、传论都直接或间接地涉及于此、归结于此、感慨于此。由于历史的局限，《旧五代史》中同样不乏王者受命于天的怪异荒诞的记述，然而在具体叙述历史时，作者常常是借天命而推演人谋，甚至排斥天命径谈人谋。例如对于后梁的覆没，作者以“史臣曰”的形式总结道：“末帝仁而无武，明不照奸，上无积德之基可乘，下有弄权之臣为辅，卒使劲敌奄至，大运俄终。虽天命之有归，亦人谋之所误也。”又如，在评述后唐所以失政时，作者感叹：“倘使重诲得房、杜之术，从荣有启、诵之贤，则宗祧未至于危亡，载祀或期于绵远矣。”以人事而论兴亡成败，是贯穿《旧五代史》的重要主题，这是阅读和研究《旧五代史》应首先注意的。

其次，既然立足于从人事活动上探究历朝兴废的原因，因而善恶并书、贬恶扬善就成为《旧五代史》的另一主题。后人多认为《旧五代史》颇多粉饰回护虚妄失实之处。具体说来，作者对于五代人事的褒贬可分为两类。①对于本纪中五代帝王的历史，出于作者对于故主先王的感情，确有不少回护之处。然尚不可一概而论。从大的方面来看，作者的褒贬评价仍是比较客观的。②对于列传中的不同人物，作者善恶并收，击浊扬清。对于同一人物，作者瑕瑜互见，优劣并陈，尽可能体现人物的功过是非，极少有回护曲笔。这一方面体现了作者想追循古之良史秉笔直书的优秀传统，另一方面更体现了作者以史为鉴，将五代乱世的善恶因果提供给时人参照的意图，这样就更接近于历史的本来面目，因而这种作史态度也就具有积极意义。

二

《旧五代史》计本纪六十一卷，列传七十一卷，志十二卷。编撰方法是以占据中原的梁、唐、晋、汉、周五个王朝为主体断代为书，包括《梁书》二十四卷、《唐书》五十卷、《晋书》二十四卷、《汉书》十一卷、《周书》二十二卷。各书均分本纪和列传两种，列传又按后妃、宗室、诸臣次第排列。五书后以杂传七卷为附体，记叙南北十个割据政权和周边其他民族国家的历史。其中以《世袭列传》二卷记载荆南、楚、吴越三个独立成国但仍向中原王朝纳贡称臣的割据政权。以《僭伪列传》三卷记载吴、南唐、闽、南汉、北汉、前蜀、后蜀七个不奉中原正朔的割据政权。以《外国列传》记载契丹、吐蕃、高丽等国内外十二个民族国家的历史。杂传后有志十二卷，分为天文、历法、五行等十目，综述五代时期的典章制度。面对五代十国这一大的分裂割据局面，作者采用以中原王朝的兴废为主线，十国的兴替和四夷的起落为副线这样一种断代分国的叙述方法，条理清楚，内容连贯，彼此呼应，较好地体现了这段历史的全貌。

北宋开宝六年（973）四月，宋太祖诏令薛居正监修梁、唐、晋、汉、周五代史，至次年闰十月编修完成，历时仅一年零六个月，成书之速仅次于历时六个月的《元史》。这种罕见的修史速度是由内因，外因两方面原因促成的。

首先，从外因方面看，五代十国是由唐末藩镇割据演变成的分裂混战时代。五代的开国君主，均为前朝重臣镇将，他们都是依靠手中兵权凭武力推翻前朝的。五代各朝立国短促，后梁十七年，后唐十三年，后晋十年，后汉三年，后周十年。军阀混战不息，朝代更易无常。宋太祖赵匡胤原为后周殿前都点检兼宋州归德军节度使，也是靠在陈桥驿发动兵变而夺得皇位的。赵匡胤在夺得皇位后，为防止擅权篡位故事的重演，保证赵宋政权享运长久，其要务之一就是总结历史的经验教训，深究五代王朝“其兴也勃，其灭也忽”的根本原因。赵宋开国仅十三年就诏修《五代史》；《五代史》撰成后第二天赵匡胤即展卷阅读并对宰相说：“昨观新史，见梁太祖暴乱丑秽之迹，乃至如此，宜其旋被贼虐也。”可见其急欲“以史为鉴”的用心。同时，五代君臣失道，朝纲隳堕，礼崩乐坏。宋初帝王继乱世之后痛定思痛，急欲偃武修文，网罗文士，复振朝纲，重修礼乐。

其次，从内因来看，《旧五代史》成书之速，除了修撰者大为五代遗老旧臣、著名史官，熟谙史料外，还有一个更重要的原因，即有丰富的五代史料可资凭借。五代王朝更替频繁，但史馆史官未废，各朝实录得以及时修成。丰富的现成史料为修撰五代史打下了基础。薛史采据历朝实录，参考《五代通录》，简节改编，故能很快成为一节。正因为《旧五代史》大多取材于历朝实录，而实录的编撰者多历前朝或任职该朝，这样很容易造成笔削回护之处、粉饰附会之言。同时在取材范围上，由于实录基本上只记叙各朝的朝政纲略，对中原以外各地区以及民间社会生活的叙述就过于简略单薄。此外，由于《旧五代史》脱胎于历朝实录，在编撰上就带有较浓厚的“实录”痕迹，即在六十一卷本纪中对于所叙帝王的起居行止的记载过于琐细，文字繁猥，文体平弱，质胜于文，在问世不久就受到批评。这就为以后该书的行之不远以至最后失传埋下了病根。

《五代史》成书后约八十年，北宋名臣欧阳修私撰成《五代史记》七十四卷藏于家。宋神宗熙宁五年(1072)，诏取欧阳修《五代史记》付国子监刊行，由此新、旧二史并行于世，遂称薛史为《旧五代史》，欧史为《新五代史》。南宋时《旧五代史》已不甚流行。至金章宗泰和七年（1208)，诏令学官削去《旧五代史》，只用《新五代史》，于是《旧五代史》渐废，元明以来就罕有援引薛史者，传本也慢慢湮没。明永乐年间修《永乐大典》收录《旧五代史》，但割裂分散，已非原本篇第之旧。清乾隆年间修《四库全书》时，就已找不到《旧五代史》原本。馆臣邵晋涵等只得从《永乐大典》中辑出所有散录进去的《旧五代史》部分，经排比审定，尚有残缺。于是复从《册府元龟》、《资治通鉴考异》、《太平御览》、《五代会要》等书中辑录史文，或作正文，或为附注，以补不足，这样才算恢复了原书面貌的十之八九，这就是目前能看到的辑本《旧五代史》。乾隆诏令将辑本《旧五代史》刊入二十四史，终于使《旧五代史》在七百年后再行于世并重新进入正史行列。原本是否尚存人间，至今仍是疑案。

现今《旧五代史》版本毕竟还是辑本，有些纪传零落残缺，内容不相连贯。所辑十志亦多不全。现在通行的《旧五代史》是中华书局1976年出版的校点本。该本以民国十年（1921）丰城熊氏影印南昌彭氏之藏本为底本，同时参校其他各本，适当吸收了邵晋涵等的批注校勘，对辑本有错漏处尽可能予以改正增补，所以校勘最精，又加以新式标点，是目前最完善的一个本子。

就《旧五代史》与《新五代史》的比较而言，旧史叙事烦冗，文体平弱，较多曲笔。但取材广泛，叙事详尽，材料翔实可信，保存了许多原始资料，有较高史学价值。所以司马光撰《资治通鉴》，胡三省作《通鉴注》，都以旧史为据而不取新史。

政　略

国之存亡　不专在行赏①

臣以为国之存亡，不专在行赏，须刑政立于上，耻格行于下②，赏当功，罚当罪，则近于理道也。若陛下不改覆车之辙③。以赏无赖之军，徒困蒸民，存亡未可知也。

（《旧五代史·晋书·李专美传》）

【注释】

①这是唐末帝即位后，怒国库空虚，不能兑现厚赏军队的诺言而责备李专美时，李专美上奏语言中的一部分。五代时，武夫专权，以滥赏收买军心为自己效命，致使人民不堪其苦。李专美的奏语，切中时弊，主张严刑政、尚耻格，有一定进步性。②耻格：廉耻准则。③覆车之辙：指唐明宗、唐闵帝滥赏误国事。

【译文】

臣下以为国家的存亡，不单单在于施行赏赐。必须在朝廷中建立刑律政令，在军民中树立耻辱观念。量功而赏，量罪而罚，就近于治国的原则了。陛下若不改变前代滥赏失国的做法而滥赏无功之军，就白白使黎民百姓生活困窘，存亡也就不可知了。

御　人

梁太祖求贤哲

癸巳，以禅代已来，思求贤哲，乃下令搜访牢笼之，期以好爵，待以优荣，各随其材，咸使登用。宜令所在长吏，切加搜访，每得其人，则疏姓名以闻①。如在下位不能自振者，有司荐导之；如任使后显立功劳，别加迁陟。

（《旧五代史·梁书·太祖本纪四》）

【注释】

①疏：条陈，排列。

【译文】

开平二年（908）七月二十四日，（梁太祖）因为自从取代唐朝以来，便思念寻求贤士哲人，于是下诏令搜求、访查、收罗他们，许给他们高官显爵，给他们以优厚待遇，根据他们各自的聪明才智，让他们都能出仕重用。适当地命令各地官吏，切实细加搜寻访求，每得贤士哲人，就分别陈述他们的姓名上报。如有在下位而不能自达名号的，就让专门机构推荐导引他们；如有委任职务后成绩显著的，就格外加以升迁和提拔。

法 制

五代军士黥面

梁祖之攻兖、郓也[①]，朱瑾募骁勇数百人，黥双雁于其额[②]，号为“雁子都”[③]。梁祖闻之，亦选数百人，别为一军，号为“落雁都”。

（《旧五代史·唐书·朱汉宾传》）

【注释】

①攻兖、郓：梁太祖朱温与秦宗权作战时，视盘踞在兖州、郓州的朱瑾、朱謹为盟友。待秦宗权失败后，便攻伐盟友以扩大地盘。②黥：黥面，原为古代刑罚之一。五代时，各个军阀为了防止军士逃跑，常用黥面来控制他们。从此可看出五代军制的残酷。③都：唐、五代时军队编制的一种称号，一都数百人至千人不等。

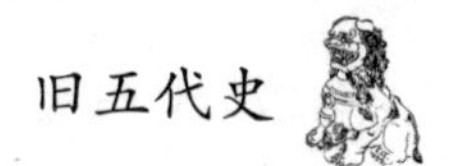

【译文】

朱温进攻兖州、郓州时，朱瑾招募了几百名勇士，在面额上刺以双雁纹样。号称“雁子都”。朱温听后，也选拔了数百人，自为一军，号称“落雁都”。

石敬瑭巧断军马食民粟案

帝性简俭，未尝以声色滋味辄自宴乐，每公退，必召幕客论民间利害及刑政得失，明而难犯，事多亲决。有店妇与军士讼，云“曝粟于门，为马所食”。而军士恳诉，无以自明。帝谓鞫吏曰[①]：“两讼未分，何以为断，可杀马刳肠而视其粟，有则军士诛，无则妇人死。”遂杀马，马肠无粟，因戮其妇人。境内肃然，莫敢以欺事言者。

（《旧五代史·晋书·高祖本纪一》）

【注释】

①鞫（jū）吏：主审官。鞫，审问。

【译文】

石敬瑭性情简约朴素，未曾以声色美味私自宴乐。每次公事退堂，必召来幕客议论民间利弊、疾苦及刑政得失，所以他能明了民情，而不被下人们欺瞒，政事也多是亲自裁决。有一店妇与军士前来诉讼，说“门前晒的谷被军马吃了”。而军士恳切争辩，但无法自明。石敬瑭告诉主审官说：“双方争讼未能裁决，凭什么断案？可以杀马开肠，看看有无谷粟。有则杀军士，无则杀妇人。”于是杀马，马肠里没有谷粟，因而杀了店妇。于是管辖区内（由此）肃然而治，再没有敢说假话的了。

军　事

李存勖攻灭后梁

壬申，帝御大军自杨刘济河。癸酉，到郓州。是夜三鼓，渡汶。时王彦章守中都。甲戌，帝攻之，中都素无城守，师既云合，梁众自溃。……己卯迟明，前军至汴城，嗣源令左右捉生攻封丘门①，梁开封尹王瓒请以城降。俄而帝与大军继至，王瓒迎帝自大梁门入。……时梁末帝朱铁镍已为其将皇甫麟所杀②，获其首，函之以献。

（《旧五代史·唐书·庄宗本纪四》）

【注释】

①捉生：俘虏反正之人。②朱锽：即梁太祖第三子朱友贞，即位后改是名。

【译文】

（公元 923 年十月）初二，李存勖亲率大军从杨刘镇（在今山东东阿北）渡过黄河。初三，到达郓州（今山东东平）。这天夜里三更，渡过汶水。那时王彦章镇守中都（今山东汶上）。初四，李存勖命大军攻城，中都平时没防守设置，唐军云合围攻，梁军不战自溃。……初九，天将亮，先头部队已到汴城（今河南开封），李嗣源命令手下人及降兵攻打封丘门，梁开封长官王瓒请求献城投降。不久李存勖大军赶到，王瓒迎接李存勖从大梁门进入汴城。……那时，梁末帝朱友贞已被手下武将皇甫麟杀害，割下头来，装在匣子里献给唐军。

朱温谋杀李克用[①]

是夜，张乐陈宴席，汴帅自佐飨，出珍币侑劝。武皇酒酣，戏诸侍妓，与汴帅握手，叙破贼事以为乐[②]。汴帅素忌武皇，乃与其将杨彦洪密谋窃发，彦洪于巷陌连车树栅，以扼奔窜之路。时武皇之从官皆醉，俄而伏兵窃发，来攻传舍[③]。武皇方大醉，噪声动地，从官十余人捍贼。侍人郭景铢灭烛扶武皇，以茵幕裹之，匿于床下，以水洒面，徐曰："汴帅谋害司空[④]！"武皇方张目而起，引弓抗贼。有顷，烟火四合，复大雨震电，武皇得从者薛铁山、贺回鹘等数人而去。雨水如澍，不辨人物，随电光登尉氏门，缒城而出，得还本营。

（《旧五代史·唐书·武皇本纪上》）

【注释】

①唐末，在镇压农民起义中壮大起来了两股军阀队伍，一为盘据在汴州（今河南开封）的朱温，一为盘居在河东（今山西）的李克用。两军联合镇压黄巢起义军之后路过汴州时，朱温设宴招待李克用，妄图乘机谋杀他，于是揭开了“梁晋争雄四十年”的序幕。②破贼事：指镇压农民起义的侮蔑之言。③传舍：古时供官府行人休止的处所。④司空：唐僖宗乾符五年（公元 878 年），李克用受封为检校工部尚书。

【译文】

唐僖宗中和四年（公元 884 年）五月某夜，朱温张乐设舞，大摆宴席，并亲自把盏劝酒，拿出珍宝钱币赠赏助兴。李克用喝得酒酣耳热，跟一些侍女歌妓调笑，又与朱温四手相握，追述镇压起义军的往事以取乐。朱温历来忌惮李克用，于是便与部将杨彦洪私下里策划暗中行事。杨彦洪在城内外交通要道上设立栅栏，用以扼断李克用的回窜之路。当时，李克用的随从官兵都喝得大醉，不一会儿，暗中埋伏的梁兵突然起事，来攻打李克用的留宿之处。李克用正大醉不醒，来攻的梁兵喊声雷动，他的十几名跟从正在拒敌拼杀。侍奉李克用的郭景铢吹灭蜡烛，扶起克用，用草席幕幔把他卷裹起来，藏在床下，用凉水洒到他的脸上，一字一顿地喊：“朱温要谋害您！”李克用这才睁开眼睛爬了起来，拉弓射箭抗击梁兵。过一会儿，（梁兵放起火来），烟火冲天，四面包围了传舍。（正在无耐之际），忽然电光雷声骤起，大雨倾盆，李克用才与随从薛铁山、贺回鹘等几个人得以逃出传舍。这时，雨水如瓢泼，对面辨不清人物，（李克用等）乘着雷电闪光，爬上尉氏门，从城墙上用绳索溜下去，才逃回自己的军营。

理　财

石敬瑭查灾减税

丁亥，制："……昨者，行至郑州荥阳县界，路旁见有虫食及旱损桑麦处，委所司差人检覆，量与蠲免租税[①]。……"夏五月壬子朔，……诏洛京、魏府管内所征今年夏苗税麦等，宜放五分之一。

（《旧五代史·晋书·高祖本纪二》）

【注释】

①蠲（juān）：同捐，除去。

【译文】

天福二年（937）四月初五，下令："……前些天，东巡至郑州荥阳县（今河南荥阳）界，在路旁看见一些地方有虫食及旱坏的桑麦，着派负责部门去人检查核实，酌量减免租税。……"夏天五月初一，……诏令洛京、魏府管辖内（相当于今河南北部）所征收的当年夏苗税麦等，应该减免五分之一。

晋少帝下诏赈灾

天福八年春正月辛巳，……河南府上言：“逃户凡五千三百八十七，饿死者兼之。”诏：“诸道以廪粟赈饥民，民有积粟者，均分借便，以济贫民。”时州郡蝗旱，百姓流亡，饿死者千万计。

（《旧五代史·晋书·少帝本纪一》）

【译文】

天福八年（943）正月初二，……河南府上奏说：“外逃户计五千三百八十七，饿死者加倍。”（晋少帝于是）下诏：“各道以国库粮赈济饥民。民间有积粮者，均分借贷，以救济贫苦百姓。”那时各州郡蝗灾旱灾，百姓逃荒，饿死者以千万计。

唐明宗开铁禁

十二月甲寅朔，（唐明宗）诏开铁禁，许百姓自铸农器、什器之属，于秋夏田亩上，每亩输农器钱一文五分。

（《旧五代史·唐书·明宗本纪八》）

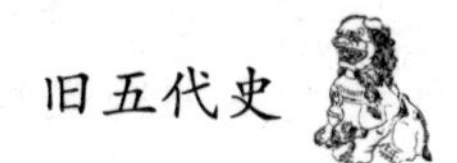

【译文】

长兴二年（931）十二月初一，（唐明宗）下诏，解除了禁止私自铸铁的命令，准许百姓自己铸锻农具、家用铁器等物，在秋夏田亩税上，每亩增收一文五分税金。

德　操

唐庄宗不记前嫌

初，梁军与庄宗对垒于河上，思铎以善射[①]，日预其战。尝于箭苛之上自镂其姓名，一日射中庄宗之马鞍，庄宗拔箭视之，睹思铎姓名，因而记之。及庄宗平梁，思铎随众来降，庄宗出箭以视之，思铎伏地待罪，庄宗慰而释之。

（《旧五代史·晋书·陆思铎传》）

【注释】

①思铎：陆思铎，原为后梁将，后降唐。

【译文】

当初，梁军与李存勖的军队在黄河边上对阵，陆思铎以善射，天天参与战斗。他曾在箭杆上刻上自己的名字，一天射中了李存勖的马鞍，李存勖拔出箭来，看到是陆思铎的名字，因

而记在心里。李存勖灭梁后，陆思铎跟众人一块前来投降，李存勖拿出箭来让他看，吓得陆思铎爬在地上等候发落。李存勖好言相慰，饶恕了他。

妇人之盛

太祖四镇时[①]，刘（氏）已得“国夫人”之号。车服骄侈，婢媵皆珥珠翠，其下别置爪牙典谒[②]，书币聘使，交结藩镇，近代妇人之盛，无出其右，权贵皆相附丽[③]，宠信言事，不下于翔。

（《旧五代史·梁书·敬翔传》）

【注释】

①太祖四镇时：到天复元年（公元901年）时，朱温已领宣武（今河南开封）、宣义（今河南滑县）、天平（今山东东平）、护国（今山西永济）四镇。②典谒：掌管宾客往来联络事务的属官。③丽：附着。

【译文】

梁太祖统领四镇时，谋臣敬翔妻刘氏已有了“国夫人”的名号。她车马服饰豪华奢侈，连婢女侍从都戴着华贵的首饰。

在她手下又另置亲信及礼聘之官，派遣使者持书信聘礼，交结四方藩镇豪强，近代妇人贵盛，没有超过她的。当时权贵之人，对她争相巴结附和，受到的宠信和太祖对她的重视程度，不下于其夫敬翔。

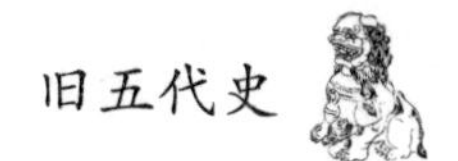

传世故事

后唐庄宗宠宦杀贤

后唐庄宗李存勖（xù）从小善长音律，喜好歌舞，有时亲自化妆，粉墨登场。他特别宠爱优伶，常与他们一起在内宫演戏。这些优伶随意出入皇宫，与宦官相勾结，污辱戏弄朝廷大臣。大臣们对这些优、宦既恨又怒，却敢怒不敢言。

宰相郭崇韬南征北战，出生入死，为后唐的安定建立了汗马功劳，威望隆重。他身居高位，不居功自傲，正直忠诚，很看不惯优、宦们的行为。但他性子很急，遇到不满的事情就要发作。宫里优、宦恩宠于上，常向他提出为亲戚升官等无理的要求，郭崇韬往往按捺不住，痛斥他们。优、宦们恼羞成怒，便常到庄宗面前说他的坏话，使庄宗对郭崇韬的信任日趋下降。

当时，中牟县（今河南鹤壁）令罗贯刚强正直，是经郭崇韬提拔起来的。他为政清廉，不畏权贵，皇宫里的优、宦托他办私事，走后门，他都一概回绝。他们送来的各种信件，他都交给郭崇韬，郭崇韬上奏庄宗。因此优、宦对罗贯、郭崇韬咬牙切齿。大臣张全义与罗贯有过节，派丫环进宫向刘皇后诉苦，于是刘皇后与优、宦一起向庄宗抵毁罗贯，庄宗很生气，但考虑到他很得人心，不便发作。

不久庄宗前往寿安（河南宜阳），察看修筑曹太后墓地，沿路泥泞不堪，桥梁横断。他很愤怒，问："这是谁管的?"宦官说："河南尹罗贯。"庄宗更怒，就下诏把罗贯关入大牢治罪，准备杀他。郭崇韬进谏："罗贯虽然有罪，却不及死罪。"庄宗说："太后的灵柩就要出发，天子朝夕往来，他不把路修好，还不及死罪？你是他的同党?"郭崇韬又说："您以至高无上的身份，迁怒一个小小县令，使天下人都说陛下执法不公，这是我的罪过啊!"宦官们又极力劝说庄宗杀罗贯。罗贯终未幸免，尸体被扔出府门，远近的百姓都说他死的冤枉。

伶、宦又借机对庄宗说郭崇韬的权势太大，竟敢对皇上无礼，要求削其兵权。

适逢当时蜀又盗贼猖狂作乱，郭崇韬奉命平息。他派任圜、张筠等将领分兵数路征讨。日久未归，庄宗担心他在那里聚积兵马，不利于朝廷，就派宦官向延嗣招他回京。向延嗣到达以后，郭崇韬不出来接待他，向延嗣非常愤怒。当时魏王李继岌在成都，其部将李从袭看到蜀中降臣把礼物都送到郭崇韬营里，而不送到魏王营，心中不平。他对向延嗣说："现在郭崇韬公然收受财物，与降臣勾结图谋不轨。还听说郭崇韬的儿子郭廷海要请求任命自己为蜀帅，众将都是郭氏的党羽。在成都的魏王如同在狼窝里存身，一旦发生兵变，我们这些人还不知埋在

什么地方呢?”

向延嗣回京把这话添油加醋地说给刘皇后，刘皇后担心李继岌处境危险，向庄宗哭诉杀掉郭崇韬。向延嗣又对庄宗说：“臣问蜀人，得知蜀中宝物都进了郭崇韬的营中，说郭崇韬得了重贿；他儿子廷海有金银十万两，乐工七十。魏王府只不过得到马匹罢了。”庄宗开始只知郭崇韬想独霸蜀中，心中已不平；现又听到他占据蜀中妓乐珍货，怒不可遏，就命令宦官马彦珪入蜀探听郭崇韬去留动向，如果班师则万事皆休，如确实迟滞，则与魏王图谋诛杀他。

郭崇韬领兵平息大股盗贼，但担心大军撤回，流散盗贼重新为乱，所以回师迟缓。马彦珪到蜀中看到郭崇韬按兵不动，就添枝加叶向庄宗报告郭崇韬要谋反。庄宗遂下令马彦珪协同魏王诛杀郭崇韬。

同光四年（926），魏王以议事为名，召郭崇韬及其子郭廷海入府议事，就在府中杀死父子二人。

（《旧五代史·唐书·郭崇韬传》）

李存勖大败唐怀贞

自公元906起，梁王朱全忠与晋王李克用展开了旷日持久的潞州争夺战。第二年，朱全忠篡唐称帝，国号梁，立即遣其保平节度使唐怀贞率军八万，会合魏博之兵进攻李克用去年占领的潞州。

为李克用守卫潞州的晋昭义节度使李嗣昭见梁军来势凶猛，闭城坚守。李克用亦急令部将周德威、李嗣本、李存璋、史建瑭、安元信、李嗣源、安金全等倾兵相救，晋梁于是展开双方交兵以来最大规模的潞州争夺战。

双方自五月战至公元908正月，胜负未分。而就在是月，晋王李克用头上生疽，不治而死。死前，李克用将其长子、晋州刺史李存勖托付给振武节度使李克宁、监军张承业、大将李存璋等，并对李克宁等人说："此子志气远大，必能成就我的事业，他们要好好教导、辅佐他。"李存勖是时年方二十四岁，体貌奇特，善于骑射，胆略过人。他即晋王位后，马上将阴谋夺取其王位的李克宁及其党羽杀死，随后便计划继续与梁军作战。

正在潞州与梁军对峙的晋将周德威等听说李克用已死，又得李存勖相召，连忙引军归还奔丧。梁军见晋军已退，以为潞州不日即可攻下，故而不复戒备。

李存勖二十四岁登晋王位，唯恐诸将不服，有背叛行为，故将统大军在潞州作战的周德威召回晋阳，同时，也是为袭破梁军埋下伏笔。周德威回到晋阳后，将大军留在城外，自己徒步进城，趴到李克用的灵柩上痛哭流涕，并对李存勖十分恭敬。李存勖见将士可用，便说："上党（即潞州。唐天宝至德年间曾改潞州为上党郡），河东之藩蔽（藩篱、屏障）。无上党，是无河东也。且朱温所惮者独先王耳，闻吾新立，以为童子未闲

(同"娴"，熟悉之意）军旅，必有骄怠之心。若简（选）精兵倍道趣（同"趋"）之，出其不意，破之必矣！取威定霸，在此一举，不可失也。"

李存勖的袭敌方略获得了监军张承业的支持，因此，李存勖检阅士卒，亲率周德威等于四月二十四日自晋阳直趋潞州。

晋军疾行六天，于二十九日抵达潞州城外四十五里外的黄碾，在此略作休整。五月一日晨，会降大雾，李存勖于是乘雾麾军袭击潞州城外的梁军营寨。梁军以为李存勖小小年纪，刚刚即位，无暇与梁军争锋。况且，来增援潞州的晋军已退回晋阳，潞州城内的晋军惟有坐以待毙，所以毫无戒备，连巡逻的哨兵也不设，当晋军向梁军营垒发动猛然袭击的时候，梁军将士竟都未睡醒。晋军兵分两路，一路从梁军营寨西北角，一路从东北角，同时发起进攻，"填堑烧寨，鼓噪而入，"梁兵措手不及，四处溃逃，丢弃的资粮器械遍地皆是。梁军招讨使符道昭在骑马逃跑时因马倒而被晋军杀死，被晋军杀死的梁军士兵数以万计，仅康怀贞率百余骑逃走了。

此役一举歼灭了朱全忠的十万大军，不仅解了潞州之围，更使晋军实力大增，为以后灭掉朱全忠建立的梁朝奠定了基础，诚如李存勖所预言的"取威定霸，在此一举"。

梁太祖朱全忠得知康怀贞兵败之讯后，大惊，既而叹曰："生子当如李亚子，克用为不亡矣！至如吾儿，豚犬（猪狗）耳！"

（《旧五代史·唐书·庄宗纪》）

人物春秋

挥师荡群寇——朱晃

梁太祖神武元圣孝皇帝，姓朱，讳名晃，本名叫温，宋州砀山人。兄弟三人，都不及成年就死了父亲，母亲带着他们寄养在萧县人刘崇的家里。太祖成人之后，不干养命维生的活计，以勇猛有力自负，乡里人大多讨厌他。刘崇因为他的懒惰，常常斥责鞭打他。只有刘崇的母亲从小就怜悯他，亲手给他梳理头发，曾经告诫家里人说："朱家非同常人呢，你们应当好好地对待他。"

唐僖宗乾符年间，关东地区连年饥荒，成群的盗贼呼啸相聚，黄巢趁机崛起于曹州、濮州地区，饥民们自愿追随他的共有数万人之多。太祖于是跟他二哥朱存一同投入黄巢军中，因为奋勇战斗多次获胜，得以补缺提升为队长。

唐广明元年（880）十二月五日，黄巢攻陷长安，派遣太祖领兵驻扎在东渭桥。这时，夏州节度使诸葛爽率领部队驻扎在栎阳，黄巢命令太祖劝说招安诸葛爽，诸葛爽于是投降黄巢。

唐中和元年（882）二月，黄巢任命太祖为东南面行营先锋使，命令他进攻南阳，攻下了南阳。六月，太祖回到长安，黄巢亲自到灞上慰劳他。七月，黄巢派遣太祖向西到兴平抵御邠、岐、鄜、夏等地军队，每到一地均有战功。

二年（883）二月，黄巢任太祖为同州防御使，让他自行攻伐占取。太祖于是从丹州南下，去进击左冯翊郡，并占据了全郡。当时河中节度使王重荣屯扎了数万军队，纠合其他诸侯，图谋收复左冯翊。太祖当时与王重荣所据土地边界相接，多次被王重荣打败，于是向黄巢请求支援。进上十次表章，被黄巢的左军使孟楷隐瞒，不送给黄巢。又听说黄巢军队势力窘迫困厄，将帅们军心涣散，太祖料定他必将失败。九月，太祖就同身旁心腹计议，率领全郡军民投降王重荣。王重荣当天就赶快写成奏章上报朝廷。当时唐僖宗在蜀郡，看了奏章就高兴地说："这是上天赐给我的呀。"于是下诏授给太祖左金吾卫大将军的官职，担任河中行营副招讨使，又赐给他名字叫全忠。从此太祖统率他的旧部以及河中的兵士一起行动，所到之处，无所不胜。

三年（884）三月，唐僖宗命令授与太祖宣武军节度使官职，仍旧担任河中行营副招讨使，又命令他等候时机收复京城长安，当即到藩镇赴任。四月，黄巢军队从蓝关撤走，太祖同诸侯们的部队一起收复长安，接着率领部下士兵一旅人捧着符节东下。七月三日，进入梁苑。这时太祖年龄三十二岁。当时蔡州刺史秦宗权同黄巢余党纠合放肆暴虐，一起包围了陈州，很久，唐僖宗就任命太祖为东北面总招讨使。这时汴州、宋州连年饥荒，国家和人民都很穷困，钱库和粮库空虚，外有强大的敌人攻击，内有骄横的军队难以控制，短兵交锋两军接战，日益激烈。别人都感到害怕，只有太祖勇气更加高涨。这年十二月，太祖领兵到鹿邑，与黄巢一伙相遇，太祖驱兵攻击他们，取胜，然后带着队伍进入亳州，兼并了谯郡。

四年（885）春天，太祖同许州田从异诸路军队共同收复瓦子寨，杀死敌贼数万人之多。这时，陈州的四面，敌贼营寨接连相望，驱赶掳掠老百姓编列户藉，杀了他们当作粮食，太祖分兵，经历大小四十次战斗把它们予以扑灭。四月二十七日，攻取西华寨，敌将黄邺一个人骑着马逃奔到陈州。太祖乘胜追击敌人，擂鼓呐喊前进。正逢黄巢逃走，于是进入陈州，陈州刺史赵犨到高祖马前相迎。不久听说黄巢余党还在陈州北面的故阳垒，太祖就直接回到大梁。这时，河东节度使李克用奉唐僖宗诏令，统率骑兵数千人马共同图谋攻破敌贼，与太祖会合兵力在王满渡大败敌贼，这时敌将霍存、葛从周、张归厚、张归霸都跪倒在马前，太祖全部赦免了他们的罪行并收容了他们。接着追击残余的敌寇，向东来到了冤句。

五月十四日，太祖同李克用的晋军班师回到汴州，太祖把李克用安置在上源驿客馆里。接着安排了周到的犒劳宴请的礼节，李克用酒醉大发脾气，太祖气愤。当夜，命令带甲兵士围

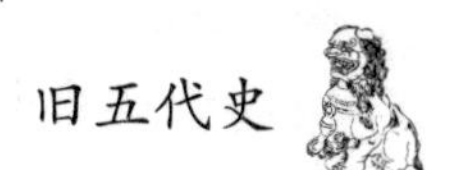

住李克用住地攻击他。正遇上天下大雨雷鸣电闪，李克用因而得以在闪电的光亮中翻越围墙逃走。

六月，陈州人民感激太祖替他们解了围的恩惠，为太祖在他们的郡治修建了生祠。这一年，黄巢虽然死了，但蔡州秦宗权继黄巢之后成为最大的祸首，拥有数万士卒，攻陷相邻郡县，杀害抢劫吏官和人民，屠杀祸害的残酷，比黄巢尤甚，太祖担忧。七月，便同陈州兵民在溵水共同攻击蔡州贼军，杀死贼兵几千人。九月二日，唐僖宗亲自加封太祖为检校司徒、同平章事，封为沛郡侯。

唐僖宗光启元年（885）春天，蔡州贼寇抢劫亳州、颍州，太祖率领军队前去救助，于是向东到达焦夷，击败数千的贼寇，活捉了贼寇将领殷铁林，砍下他的头悬挂起来传视贼寇后就回来了。三月，僖宗从蜀地回到长安，改元为光启。四月十四日，又加封太祖为检校太保，将食邑增加到一千五百户。十二月，河中、太原的敌军逼近长安，观军容使田令孜侍奉僖宗离开长安抵达凤翔。

二年（886）春天，蔡州贼寇愈加猖狂。当时唐朝皇室势微，因此秦宗权得以横行为害，接连攻陷汝、洛、怀、孟、唐、邓、许、郑等州，地域方圆几千里，人烟断绝，只有宋、亳、滑、颍等州仅能闭关自守而已。太祖多次出兵与他们交战，但是也只是时胜时失人们都十分恐惧。三月一日，僖宗颁布诏令封太祖为沛郡王。同月，僖宗御驾移到兴元府。五月，嗣襄王李熅在长安违背礼制私自登上帝位，改元为建贞，派使者带着非法诏令到汴州，太祖下令在庭堂上烧掉了伪诏。不久，嗣襄王果然失败。七月，蔡州贼寇逼近许州，许州节度使鹿宴弘派使者来求救，太祖派遣葛从周等率领军队赶赴支援。援军未到许州城就陷落了，鹿宴弘被蔡州贼寇杀害。十一月，滑州节度使安师儒因为怠慢军事和政务，被部下杀害，太祖闻讯，就派朱珍、李唐宾袭击并占领了滑州，因此就拥有了滑台地。十二月，僖宗颁布诏令加封太祖为检校太傅，改封为吴兴郡王。

这年，郑州被蔡州贼寇攻陷，刺史李盉单骑匹马逃来，太祖接纳了他，任他为行军司马。秦宗权已经得到郑州，更加骄横，太祖派偏将在金堤驿巡逻，与贼寇遭遇，乘机攻击他们，众多的贼寇大败，太祖经常与蔡州贼寇在四郊战斗，既以少击多，又常常出奇制胜，但苦于兵力太少，不能大快人意。秦宗权又由于自己兵力相当于太祖的十倍，对多次被打败感到羞耻，于是对部下发誓坚决攻进夷门。不久抓获了蔡贼的间谍，全部知晓他们的内情，于是太祖谋求增兵。

三年（887）春天二月一日，按照诏命以朱珍为淄州刺史，派他到东道招募兵士。朱珍到淄、棣等州后，十天之内，应募的有一万多人。又偷袭青州凯旋而归。四月八日，回到夷门，太祖高兴地说：“我大事有成了。”这时，贼将张晊屯扎在北郊，秦贤屯扎在版桥，各自都有几十万人，树起的栅栏相连二十里，势力非常强盛。太祖对诸位将领们说：“这些贼寇正在养精蓄锐以等待时机，一定会来进攻我们。况且秦宗权估计我们兵力少，又不知道朱珍已经来到，以为我们害怕，只能坚守阵地而已。不如现在出其不意，先发制人。”于是亲自领兵进攻秦贤的营寨，将士们奋勇争先，贼寇果然不备，接连攻克四座营寨，杀死一万多人，当时贼寇都以为有天神在暗中相助。二十七日，贼将卢瑭带领一万人多人在圃田北面的万胜戍守，沿汴水两岸扎营，跨河面建起桥梁，以控制河运道路。太祖挑选精兵锐卒去袭击他。这天大雾迷漫，部队到达敌人营垒才被发现，于是闯入敌营一路杀去，取得大胜从此蔡州贼寇都感到恐惧，常常在军中自相惊忧相乱。太祖回师休整，大行犒赏，因此军士们斗志激昂，每次遇到敌人没有不奋勇向前的。

五月三日，太祖从酸枣门出兵，从清晨到中午，与敌人短兵相接，大败贼兵，追杀二十多里，五月八日，兖、郓、滑州的军队都赶来增援，在汴水岸边摆开阵势，旌旗武器非常森严壮观。蔡贼看到这些，不敢出军营。第二天，太祖指挥各路军队，进攻敌贼军营，从清晨四时到下午四时，杀敌二十多万。当夜秦宗权、张晊偷偷逃走。秦宗权到郑州，竟然烧尽那里的房屋，屠杀郡城的人民才离开。开始时蔡州贼寇分散兵力进犯陕、洛、孟、怀、许、汝等州，都抢先占据着，因为这次的战败，贼寇们都放弃了州城逃走。太祖于是慎重挑选将佐，使他们修缮城墙壁垒，作战时防守的准备，这样远近流亡失所的人又回来很多。这时，杨州节度使高骈被副将毕师铎杀害，又有孙儒与杨行密互相攻伐，朝廷不能遏制，于是加封太祖为检校大尉，兼任淮南节度使。

当太祖抵御蔡州贼寇时，郓州朱瑄、兖州朱瑾都领兵来救援。到秦宗权已败，太祖因为朱瑄、朱瑾与自己同姓，又对自己出过力，都厚加赏赐，送其回去。朱瑄、朱瑾因为太祖的军士们勇敢强悍，私下心里都很喜爱他们，于是偷偷地在曹州和濮州的边界上悬赏重金布帛来招诱他们，太祖的军士为了财货之利而离开的人很多，太祖于是传送檄文去遣责他们。朱瑄的回话毫无礼貌，太祖于是命令朱珍侵袭曹州进攻濮州，以惩其邪。不久，朱珍攻伐曹州，抓住曹州刺史丘礼献给太祖，接着又调动军队包围了濮州。兖州和郓州与太祖之间的间隙，由此而生。

十月，僖宗命令水部郎中王赞撰刻纪功碑赐给太祖。同月，太祖亲自率领骑兵几千人在濮河岸边巡视，乘机在范县击败朱瑄的援兵。十二月，僖宗派遣使者赐给太祖铁券，又命翰林承旨刘崇望撰刻德政碑赐给太祖。

文德元年（888）正月，太祖率领军队向东奔赴淮南，行程中驻扎在宋州时，听到杨行密攻下扬州，于是回师。这时，李盉、郭言到淮河岸边，被徐州军队扼阻，不能前行。太祖大怒，便计划征讨徐州。二月十八日，僖宗诏令任太祖为蔡州四面行营都统，各镇的军队受太祖控制指挥。三月三日，唐昭宗即位。同月，蔡州人石盉率领一万多人剽掠陈州、亳州，太祖派朱珍率领精锐骑兵几千人擒获石彖献上。四月一日，魏博镇乐彦祯违背律令，他儿子乐从训逃奔到相州，派人来请求援军。太祖派朱珍率领大军渡过黄河，接连攻占黎阳、临河两邑。不久魏博镇军队推举小校官罗弘信当统帅。罗弘信当上统帅后，派遣使者到汴州致送心意，太祖厚待使者并接受了他的求和心意，命令朱珍班师。同月，河南尹张全义在河阳袭击李罕之，打败了他。李罕之逃出，到太原请求救兵，李克用派出一万骑兵去支援他。李罕之就收聚自己的部队，与太原晋军一起联合兵力，急攻河阳。张全义危急，派遣使者到汴州求救，太祖派丁会、牛存节、葛从周率领军队奔赴救援，在温县发生激烈战斗，击败敌军。于是解除了河桥的围困，张全义回到河阳，趁便以丁会作为河阳留后。

五月三日，昭宗诏令受太祖为检校侍中，同月，太祖认为已经拥有了洛、孟地区，解除了对西部的忧虑，准备大力整顿军队，尽力诛除蔡州贼寇。适逢蔡州人赵德諲将汉南地区全部归降朝廷，又派遣使者向太祖求和，发誓尽力同讨秦宗权。太祖向朝廷上表奏明这件事，朝廷于是任赵德諲为蔡州四面副都统。又将河阳、保义、义昌三处节度使作为太祖的行军司马，兼管粮食马料等后勤供应。到此时，太祖统领诸侯的军队会合赵德諲到汝水边去攻伐蔡州贼寇，逼近蔡州城。五天之内，建起二十八座兵寨包围蔡州城，这是仿照天上二十八星宿的数量。这时太祖亲自冒着敌人的弓箭炮石指挥战斗，一天，一支飞来的箭射中了他的左腋，鲜血浸透了单衣，太祖对身旁的人说："不要让别人知道。"

九月，因为粮食运输供应不上，撤军。这时，太祖知道秦宗权余孽已不足以构成祸害，就转移部队去攻伐徐州。十月，太祖派朱珍率领军队在吴康镇与徐州时溥交战，徐州兵马被打得大败，接连占领丰、萧两座城邑，时溥带着击散了的骑兵逃进了彭门。太祖命令分出一支兵力去攻打宿州，宿州刺史张友带着符节印章投降。不久徐州人关闭城门坚守，太祖就命令庞师古屯扎部队守着徐州就回去了。同月，蔡州贼寇孙儒攻陷扬州，自称为淮南节度使。

龙纪元年（889）正月，庞师古攻下宿迁县，向吕梁进军。时溥率领两万军队，首先压住庞师古的军队摆开战阵，庞师古坚急迎战，击败时溥，杀敌两千多人，时溥逃进彭门。二月，蔡贼将领申丛派遣使者报告说，已将秦宗权捆缚在营帐下面，折断其腿，予以囚禁。太祖当天接受诏令以申丛为淮西留后官。不久，申丛又被都将郭盉杀害。同月，郭盉押解秦宗权前来献给太祖，太祖派遣行军司马李盉、牙校朱克让用囚车将秦宗权解押到长安。押到后，在一棵独柳树下面将秦宗权斩首。蔡州平定。三月，加封太祖为检校太尉、兼任中书令，提封为东平王，以奖赏平定蔡州的功劳。

大顺元年（890）四月一日，宿州小将领张筠驱逐刺史张绍光，胁迫众人投靠时溥。太祖率领亲信部队征讨他，杀敌千人，张筠坚守城池。乙卯日，时溥出兵蹂躏砀山县，太祖派遣朱友裕领兵袭击他，击败徐州叛军三千多人，俘虏沙陀援军石君和等三十人。六月七日，淮南孙儒派遣使者与太祖亲善友好，太祖上表奏明这件事，请求将淮南节度使授予孙儒。十七日，昭宗任命太祖为宣义军节度使，又充任河东东面行营招讨使，因当时朝廷宰臣张濬正在领兵攻伐太原。八月一日，昭义军都将冯霸杀死了沙陀人所任命的节度使李克恭来投降。十五日，李克用亲自率领蕃族汉族步兵骑兵几万人包围了潞州，太祖派遣葛从周率领骁勇善战的兵士，在黑夜悄悄地穿过包围圈潜入潞州。九月十九日，太祖到河阳，派遣都将李谠领军直奔泽州、潞州，走到马牢川时，被晋人打败。太祖又派遣朱友裕、张全义率领精兵作为接应援助。不久朱从节、葛从周放弃潞州归来。二十五日，太祖在厅堂上责备众位将领的败军之罪，砍下李谠、李重胤的首级传视军中后，回师。十月三日，太祖从河阳到滑台。当时奉诏令将讨伐太原，先派遣使者向魏州人借路通过，魏州人不答应。此前，太祖曾派信使雷邺向魏州请购粮食，不久被罗弘信的牙军杀害。罗弘信害怕，而跟太原互通友好。十二月二十，太祖派遣丁会、葛从周率领部队渡过黄河攻取黎阳、临河，又命令庞师古、霍存攻占淇门、卫县，太祖率领大军徐徐跟随其后。

二年（891）春正月，魏州军队屯扎在内黄。五日，太祖与魏军交战，从内黄到永定桥，魏军连败五次，杀死魏军一万多人。罗弘信害怕，派遣使者带很多的钱来请求讲和。太祖下令停止对魏州的焚烧抢掠并归还俘虏给他，罗弘信因而感激欢悦听从命令。太祖于是收兵驻扎在黄河岸边。八月十二日，太祖派遣丁会急攻宿州，宿州刺史张筠坚守城池，丁会于是堵拦汴水来淹浸宿州。十月五日，张筠投降，宿州平定。十一月一日，曹都副将郭绍宾杀死刺史郭饶，带着全郡军民投降。同月，徐州将领刘知俊率领两千人投降，从此徐州军势不振。十二月，兖州朱瑾率领三万士兵进犯单父，太祖派丁会率领大军攻袭他，在金乡界取得大胜，杀敌两万多人，朱瑾一人骑马逃走。

景福元年（892）二月三日，太祖亲征郓州，先派朱友裕驻军斗门。九日夜晚，郓州朱瑄率领一万步兵骑兵在斗门袭击朱友裕，朱友裕南退。十日，太祖一早营救斗门，不知道朱友裕已经撤退，在前面先到斗门的人都被郓军杀害。当时朱瑄还在濮州。十二日，遇上朱瑄率领兵士准备回到郓州，前来冲击。太祖驱马南奔，被敌军追赶非常危急，前有堑沟，太祖跃马而过，张归厚持鞘矛殿后奋力迎战，才得以逃脱。这时李璠和几位部将全被杀害。十一月，太祖派朱友裕领兵攻克濮州，濮州平定。于是下令转移军队攻伐徐州。

二年（893）四月十九日，庞师古攻下彭门，彭门平定。乾宁元年（894）二月，太祖亲自率领大军从郓州东路向北到达鱼山。朱瑄察知后，就领兵直奔鱼山，而且想速战速决。太祖整顿军队出营时，朱瑄、朱瑾已在前面摆好阵势。突然间刮起强烈的东南风，太祖军旗乱了行次，兵士都有怯色，太祖立即命令骑兵扬鞭呐喊，一下子西北风猛然刮起，这时两军都在杂草中间，太祖乘机下令放火。顷刻烟雾火焰连天，太祖乘势进攻敌方阵地，朱瑄、朱瑾大败，死亡有一万多人，残兵拥挤着进入清河城，太祖在鱼山下收聚敌尸筑起高大的坟墓以纪战功，驻军几天后返回。

二年（895）正月二十九日，太祖派朱友恭率领军队再次攻伐兖州，挖成堑壕围住兖城。不久，朱瑄从郓州率领步卒骑兵运送支援的粮食想进入兖州，朱友恭埋下伏兵击败了他们，在高吴将他们的军粮全部夺过来，趁机俘虏了蕃将安福顺、安福庆。二月二十一日，太祖率领亲信部队驻扎在单父，作为朱友恭的后援。四月，濠州、寿州又被杨行密攻陷。这时，太原派将领史俨儿、李承嗣带领一万骑兵驰援郓州。朱友恭退回汴州。八月，太祖率领亲信部队攻伐郓州，到大仇时，派前锋部队挑战，在梁山埋下伏兵。不久俘虏蕃将史完府，夺得战马数百匹。朱瑄逃回郓城。十月，太祖驻军郓州，齐州刺史朱琼派使者前来请求投降，朱琼就是朱瑾的堂兄。太祖于是将部队转往兖州，朱琼果然来降。不久，朱琼被朱瑾欺骗，被抓住杀害了，太祖就以朱琼弟弟朱瑄为齐州防御使。十一月，朱瑄又派部将贺环，柳存以及蕃将何怀宝等一万多人袭击曹州，想解除兖州之围。太祖知道后，从兖州带领军队策马飞奔到钜野南边，追击敌寇，敌寇几乎被全部杀尽，活捉了贺环、柳存、何怀宝及剩余贼党三千多人。下午四时，忽然刮起狂风，沙尘飞腾，太祖说：“这是杀人还不够。”于是下令将所获俘虏全部杀光，狂风才停止。第二天，捆起贺环等将领在兖州城下示众，太祖平素知道贺环名声，于是放了他，只在兖州城下杀了何怀宝，然后班师。

三年（896）六月，李克用率领蕃族、汉族等队在斥丘扎营，派他儿子落落领着铁林小儿骑兵三千人逼近洹水。葛从周与他们战斗，大获全胜，活捉落落献上。李克用悲痛惊骇，请求重修过去的友好亲善以赎回他儿子，太祖不答应，就将落落押送给罗弘信，杀了他。七天后，太祖军队回来驻扎在阳留以攻伐郓州。

四年（897）正月，太祖率领洹水的军队大举攻伐郓州。十五日，在济水旁边扎寨，庞师古命令诸将搭起桥梁。十九日夜晚，庞师古率领中军先渡过济水，呐喊声震撼郓城，朱瑄听到后，弃城而逃。葛从周追到中都北面，抓住了朱瑄和他的妻子儿子献上，立即诛杀。郓州平定。二十三日，太祖进入郓城，任命朱友裕为郓州兵马留后。这时太祖听说朱瑾与史俨儿在丰、沛一带搜括军粮，只留下康怀英据守兖州，太祖因而乘胜派遣葛从周带领大军袭击兖州。康怀英听说郓城失守，接着又有葛从周大军来临，就出城投降。朱瑾、史俨儿便逃奔淮南。兖、海、沂、密等州平定。于是以葛存周任兖州留后。

九月，兖、郓等州已经平定，将士们雄猛骁勇，太祖便大举南征淮南。命令庞师古率领徐、宿、宋、滑等州部队直奔清口，葛从周率领兖、郓、曹、濮等州部队径赴安丰。淮南人派朱瑾领兵抵拒庞师古，朱瑾便决淮水来淹庞师古部队，庞师古于是兵败战死。葛从周行军到濠梁，听说庞师古失败了，也下令回师撤军。

历仕四朝　晚节不保——冯道

冯道，字可道，瀛州景城人。先祖曾务农或为儒，没有一定职业。冯道年少时，性情纯朴厚道，好学能文，不以衣食粗陋为耻，除奉养父母外，只是读书吟诗，既使大雪封门、尘垢满席，也依旧兴致盈然。天祐年间，刘守光任他为幽州掾。刘守光领兵讨伐中山，向僚属咨询，冯道常以利害规劝他。刘守光恼怒，把他打入牢狱，不久被人搭救，免遭不测。刘守光败亡，冯道逃回太原。监军使张承业用他做本院巡官。张承业看重他的文章道德，待他非常优厚。当时有个叫周玄豹的人，擅长给人看相，与冯道不和睦，便对张承业说："冯生没有前途，公不可以太重用他。"河东记室卢质得知后说："我曾见到过杜黄裳司空的画像，冯道的相貌酷似他，将来一定是做大事的，周玄豹的话不足为凭。"张承业不久举荐他做了霸府从事，稍后又任太原掌书记。其时庄宗据有河北，文牍事务繁忙，统由冯道掌管。

庄宗军队与梁军隔黄河相对峙。一天，郭宗韬以诸将校会餐人数过多，主管人供应不起，请稍减员，庄宗怒道："我想给那些为我效力的人管几顿饭，自己都做不得主，那么河北三镇就请三军另外选择一人任主帅，我要求回太原，以避贤让路。"随即命冯道当面草拟文书，以向部下宣告。冯道持笔呆了很久，庄宗严厉催促他，他缓缓起身答道："我的职责是掌管笔墨文书，岂敢不奉命从事。现今大王您屡建大功，刚刚平定南方寇乱，崇韬所谏，未必失当，拒绝他可以，却不可用刚才那番话挑起众议。敌人若是得知，便会说大王您这里君臣不和了。希望再三考虑，那便是天下的万幸。"不久郭崇韬入朝致谢，因为冯道替他解了围。人们开始敬重冯道的胆识。庄宗在邺宫继位，授冯道省郎，充翰林学士，从绿衣赐紫。平定梁朝后，又升中书舍人、户部侍郎。后因父亲亡故，在景城守丧。时逢年景不好，他把节余的俸禄，全部用来振济乡里百姓，他的住所不过是茅屋陋室。凡地方官的赠物，既便是一斗谷、一匹帛也不受纳。其时正当契丹国势强盛，他们久闻冯道声名，预谋要把他劫走，因边地民众已有防备，冯道才得以免祸。

明宗入主洛阳后，马上问近臣安重诲说："先帝在位时的冯道郎中在什么地方？"安重诲回答："不久前授翰林学士。"明宗说："此人我久已熟知，是好宰相。"很快便拜冯道为端明殿学士。"端明"之号就是从冯道开始设立的。不久冯道迁中书侍郎、刑部尚书平章事。凡贫困微贱无所依恃却有才干、有抱负、又与他素来相知的士人，他一律拔用；唐朝末年世族中行为浮躁的人，必定贬抑不用。有位工部侍郎名叫任赞，退朝时，和同僚在后面嘲笑冯道说："他若快走，一定会掉下《免园册》。"冯道听说此事，召来任赞对他说："《免园册》的文章都是名儒编集的，我能够背诵。旧朝廷一些士子，不过读了些考场上的华丽辞藻，就去应试，都是窃取公卿的名位，真是何等浅薄、狭隘。"任赞非常惭愧。又有梁朝宰相李琪，常以文章自诩。曾进呈《贺平中山王都表》，文中有"复真定之逆城"一句，冯道批评他说："昨日收复的是定州，而非真定。"李琪不懂地理，顿受挫辱。其后百官上明宗徽号的奏文共有三章，都由冯道一人写成，文笔浑然天成，绝非一般文体，满朝文武都心悦诚服。冯道尤其长于诗文，提笔一挥而就，不仅文词典丽，而且内蕴古义，必定为远近传抄。时人因此逐渐敬畏他才学高深，从此朝廷间也风气肃然，不再有浅薄放肆的举止。继而冯道改任门下侍郎、户部、吏部尚书、集贤殿弘文馆大学士，又加尚书左仆射，封始平郡公。一天冯道上朝退下后，明宗望着他对侍臣说："冯道本性纯厚俭朴，最近在德胜寨住一处草房，与随从同器吃饭，睡则是刍藁一捆，可他却心安理得。及至为守父丧退居乡里，他自己种田、砍柴、采集，与农夫们杂处，并不介意自己往日的高贵身份，这真是士大夫啊。"

天成、长兴年间，天下连年丰收，朝廷无事。明宗坐朝延英殿，留冯道向他询问朝廷外面的事。冯道说："陛下以至上的道德承受天命，上天以丰年昭示祥瑞，陛下更要天天谨慎，以酬答上天之心。臣常忆起在先帝霸府任职时，曾奉命出使中山，过井陉险地时，唯恐马匹失蹄，哪敢放松缰绳，等到平地，便不再控制，结果被马摔下，几乎致残。臣所说的这件事虽小，却可喻大事。陛下不要由于天下清明安定，连年丰收，便无节制地享乐。兢兢业业，是臣对陛下的希望。”明宗十分赞同。改日明宗又问冯道：“天下虽然丰收，但百姓是否就能获益?”冯道回答：“粮食太贵农民挨饿，粮食太贱农民受损害，这是普通的道理。臣记得近世有位举子叫聂夷中，做了一首《伤田家诗》，诗中写道：‘二月卖新丝，五月粜秋谷，医得眼下疮，剜却心头肉。我愿君王心，化做光明烛，不照绮罗筵，偏照逃亡屋。’”明宗说：“这首诗极好。”即刻令侍臣抄下，时常自己背诵。冯道讲话简练切题，善于使听者获益，这方面一般人难以与他相比。当时各部经书谬误甚多，为此冯道和同僚李愚一起，委派学官田敏等人，取西京长安郑覃刊刻的石经，雕刻成印版，使经书得以流行于天下，后辈学者都仰赖这些书籍。明宗去世后，唐末帝继位，任命冯道为山陵使。丧礼结束，又遵循旧例，命他出镇同州。冯道执政清静淡泊，不干预狱讼，不扰乱市易。有个叫胡饶的州府属官，军吏出身，性格粗犷，一天因事在官署门口谩骂冯道。手下人数次向冯道通报，他都不予理睬，说“此人一定醉了。”后把他召入官署，摆酒设宴，款待了一个晚上才起身离去，没有一点儿怒色。不久，冯道入

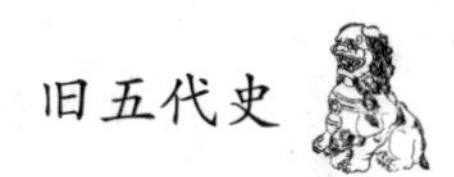

朝任司空。

及至晋祖入主洛阳，任冯道为宰相。次年，契丹派遣使臣给晋祖加徽号，晋祖也要给契丹献徽号，对冯道说："此行非你不成。"冯道没有为难。晋祖又说："你官高德崇，不可深入沙谟。"冯道回答："陛下受北方契丹朝廷的恩泽，臣受陛下的恩泽，有什么不可以呢！"上路后，快行至西楼时，契丹国主要到郊外迎接，手下大臣说："哪有天子迎接宰相的礼节。"于是未去。冯道的名声就这样，大到影响异邦礼俗的地步。还朝后，朝廷废除枢密使，援照唐朝成例，把它归并到中书，枢密院官印交付冯道，大小事务也全部由他掌管。不久，冯道加官司徒、兼侍中，进封为鲁国公。晋祖曾就如何用兵征询冯道的意见。冯道回答："陛下历经磨难，创成大业，雄才大略闻名天下。讨伐不义，必须听从一人决断。臣本是一介书生，为了陛下才在中书省效力，恪守历代成规，不敢有丝毫差池。臣在明宗朝时，明宗也曾问过臣军事，臣也是以这番话做答的。"晋祖非常赞同他的话。冯道曾上表请求引退，晋祖不看，而是先派郑王去探望他，并对他说："你明日若不复出，朕就会亲自前去请你。"冯道不得已而复出。当时受皇帝的恩宠，没有人能与冯道相比。

晋少帝继位，加冯道守太尉，进封为燕国公。冯道曾问朝廷中一位熟悉的门客说："我在政事堂，人们对我有何议论？"门客说："是非参半。"冯道说："一般人都是对与自己意见相同的人就加以肯定，不同的就予以否定。否定我的恐怕十人中有九人。古昔的孔仲尼是圣人，尚且要被叔孙武叔抵毁，何况我这样微小的人物呢！”即使如此，冯道仍坚持自己的处世之道，始终不改。而后有人离间冯道和少帝的关系，在少帝面前说：“冯道不过是太平时的好宰相，遇到时世艰难就无济于事了。就像坐禅的僧人不能用他来呼鹰一样。”由此少帝让冯道离开朝廷出任同州节度使，经过一年多，又改任南阳节度使，加中书令。

契丹进入汴京，冯道自襄、邓奉召入汴，契丹王从容问道：“天下百姓，如何才能得救？”冯道回答：“如今的百姓，既使佛祖再世也救不了，只有皇帝能救他们。”其后官宦士绅没有受到伤害，这都是冯道和赵延寿暗地保护的结果。当年三月，冯道随契丹王北上，与晋室公卿一同到达常山。不久契丹王死，永康王代替他统率部众。到永康王北上之后，留下同族人解里据守常山。这时后汉军队愤激，与城内配合，一同赶走了解里，不久收复常山城。冯道率同僚四出巡查抚慰，处事得体，百姓各安其所。有人将功劳推归冯道，他说：“我一介儒臣有什么作为，都是各位将士的功劳。”冯道以德高望重作众人表率，因此为众人从诸将中挑选勤谨老成的将领，以骑校白再荣暂做他们的统率。军民由此安定，冯道最有功劳。冯道在常山，见有中原士女被契丹俘获的，便出珠玉宝物把她们赎回，都安置在僧尼庵院寄居，尔后又寻找到她们的家人，使她们回到家里。

再有，契丹人先前留下冯道、李崧、和凝，以及文武官员在常山，当年闰七月二十九日，契丹下伪诏追叫李崧，令他挑选朝廷大臣十人，到木叶山参加葬礼。契凡麻答召冯道等人到他的营帐，要告诉他们。李崧偶尔先到一步，获悉契丹麻答的命令，面露惧色。麻答想让他们明日与朝廷大臣一齐去，李崧因此不等冯道，与和凝先出营帐，继而在帐门外遇见冯道，于是同他分手后都返回住所。不一会儿，李筠等人纵火与契丹交战，鼓声相闻，兵器相接。当日几个人若一齐到营帐与麻答相见，或稍有迟疑，就会悉数被俘获了。当时人认为冯道做平民时有至善的德行，在朝做官又有众望，所以时常会有像这样的阴间之助和好报应。

待到从常山回京朝觐，后汉高祖对他非常赞赏，拜为守太师。乾祐年间，冯道除了上朝之外，安居自乐。

待到后周太祖平定内乱，提议立徐州节度使刘赟为后汉嗣君，派冯道与秘书监赵上交以及枢密直学士王度等人前去迎接。冯道便和刘赟从徐州赴汴京。走到宋州时，正值澶州兵变，枢密使王峻派郭崇率兵赶到，驻扎在衙门外。当时冯道和赵上交等一同住在衙门内。当天，刘赟身边带领随从卫士关闭衙门登上门楼，盘问郭崇从哪里来。郭崇回答说：“后周太祖已受拥戴登基。”刘赟的人明白发生了事变，以为他们被冯道出卖，都想杀掉冯道以图心头痛快。赵上交和王度获悉后，惶恐不知所措，只有冯道行为自如，毫无恐惧之色，不久也就得以免祸。

冯道尚未闻达时曾写一首诗："终闻海岳归明主，未省乾坤陷吉人。"至此，诗中的话真正得到应验。广顺初年，冯道再次被拜为太师、中书令。太祖对他非常器重，每次他入朝应对，都不称呼他的名字。太祖去世时，世宗任冯道为山陵使。恰逢河东刘崇进犯，世宗要率军亲征，召集大臣讨论，冯道加以劝阻。世宗因此说："唐朝初年，天下草寇蜂拥而起，都是唐太宗亲自扫平的。"冯道上奏说："陛下能比得上唐太宗吗?"世宗恼怒地说："冯道你为何小看我!"冯道因此不再进言。待到世宗亲征时，没有让冯道扈行，留他奉祭太祖陵，这时他已患病。祭山陵礼仪完毕后，冯道护送太祖神像回旧时宫殿，还未等到送进太庙附祭，当晚便在家中去世，时间是显德元年四月十七日，享年七十三岁。世宗得知，三日不上朝，册书赠冯道为尚书令，追封瀛王，加谥号文懿。

冯道历仕四朝，三次做中书令，在宰相位前后二十余年，以行为持重、镇抚风俗为自己的责任，从未以一纸一字扰乱诸侯。平生非常廉洁俭朴，一直到他晚年，家中才稍见奢侈。他的儿子冯吉非常狂放不羁，他管束不住。有见识的人都因他未能把美好的声誉保持到底而感叹惋惜。

新五代史

《新五代史》概论

《新五代史》原名《五代史记》，北宋欧阳修模仿《春秋》笔法且将五代溶而为一撰成，七十四卷，本纪十二卷，列传四十五卷，考三、世家及年谱十一、四夷附录三。全书文字简要，并补充了不少新史料，为正史中自唐朝以后的唯一的私修史书，与《旧五代史》同为研究五代十国史的主要资料。

一

欧阳修幼时因家庭贫困，无钱上学，他母亲就用荻草枝儿在地上画字，亲自教他学文化。在艰苦的环境中，经过母亲的辛勤教育和自己的刻苦学习，为欧阳修

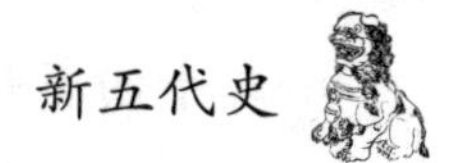

一生治学打下了深厚的文化基础。

宋仁宗天圣七年（1029），二十二岁的欧阳修参加进士科考试，连考三次，都获得第一名。第二年，他经过复试被录取之后，就被派为西京（今洛阳）留守推官，作为西京留守钱惟演的幕僚，走入仕途。

仁宗景祐元年（1034），欧阳修被调到朝廷当馆阁校勘，在保管和编辑图书的机构中任职。他开始留心社会生活，积极参与当时宋朝政府内部的政治斗争，开始了他的从政与做学问交并进行的精力旺盛时期。他积极支持范仲淹的改革主张。不久，范仲淹在保守势力的攻击下，受到降职处分，被排挤出去当地方官。欧阳修也被降为夷陵（今湖北宜昌县）县令。直到1040年，才恢复原职，回到馆阁。

仁宗庆历三年（1043）春，欧阳修被调到谏院做谏官。这时范仲淹也从西北前线调回朝廷，升任参知政事，开始改革政治。欧阳修参与其事，与范仲淹、余靖、杜衍合称“庆历四君子”。在保守派的攻击下，庆历五年（1045）欧阳修再度被贬斥出京，先后在滁州（今安徽滁县）、扬州（今江苏扬州一带）、颍州（今安徽阜阳）作了九年地方官。

仁宗至和九年（1054），欧阳修又被调回朝廷任翰林学士，担任编写唐朝历史书的工作，以后一直做到参知政事。到了晚年，欧阳修在政治上趋向保守，不大赞成已经开始了的王安石变法。到神宗熙宁四年（1071）获准告老退休，第二年去世。

欧阳修的政事，在后世往往淹没不彰。作为一个学者，他的学术成就是多方面的，在宋代已是大名鼎鼎，到后代更是声誉垂响。他既是“宋学”的开创者之一，又是诗人、散文家、词家，也是史学家、经学家、目录学家、金石学家，他为宋代整个学术领域的繁荣发展起了积极作用。

欧阳修在历史上的最大影响是他对北宋文学改革运动的重要作用。他一方面反对晚唐以来追求词藻华丽，讲求对偶等不良文风，一方面提倡继承韩愈的道统和文统。唐宋古文运动就是分别在韩愈、欧阳修的倡导下发展起来的。在散文的创作方面，欧阳修有所突破和创新。他的散文共有五百余篇，是他文学创作中成就最高的部分。欧阳修的散文，不发无关题旨的议论，不抒无缘无故之情，不写与主题无关的景物，明白简练，晓畅自然，为后世留下了典范。

在经学方面，欧阳修效法于前人，而又超越于前人。他治《春秋》经，不是从经义出发，持门户之见，而是从事实出发，以考史证经中之伪，以经中所载事实证传之诬。他对流传颇久的《易》经的源头，进行了认真的剖析，指出不懂得“圣人幽赞神明”，就不懂得《易》经。并针对《周易》、《洪范》两书的流行的说法，大胆黜斥河图洛书之妄谬。他以积极用世思想去研究《春秋》，从而跳出旧传注的窠臼，以便从经文中引申出合乎现实需要的新解释。他把经学研究的成果大量地注入《新五代史》中，以经学求致治之源，以史学垂训戒、匡时弊。这样，一方面使得经学有了新的伸根之处，一方面又使旧有的史学翻出了不少新意。

在金石学方面，欧阳修有开创性的成就。古代生产工具和器物是研究古史的可靠资料。商周铜器如鼎、彝、尊、爵之类，每每刻有文字。秦以后，盛行勒石刻碑。这些金石文字是反映古代史事、订正古籍和传说的有力依据。隋唐以来，已开始了对古物及其刻辞的研究，不过侧重于文字和书法。宋代发展成了“金石学”的专门学科。欧阳修利用他做官的有利条件，又“性颇而好古”，收藏并且观览、拓印了丰富的文物，写成了《集古录》，记载了几百篇跋文。它是我国学术史上正式出现的“金石学”的开端。

作为史学家的欧阳修积极倡导一种积极的写作原

则，并且十分严肃认真地去实践。他在《代人上王枢密求先集序》里说：“言所以载事而文所以饰言，事信言文，乃能表现于后世。”“事信”必须是“不虚美，不隐恶”，是非褒贬，都有意义可寻，才能称为忠实的记录。“言文”的基本要求，必须是有法有则。古文家所致力的是传记文，欧阳修在这方面把史笔和文心结合起来，运用在史书的修撰过程中。这里我们着重介绍《新五代史》。

二

作为一部私修的史书，其产生是有一定的背景的，就欧阳的个人遭遇也可见一斑。宋仁宗景祐三年(1036) 仲夏，年方三十的欧阳修因替指陈时弊而遭贬逐的范仲淹申辩，身遭诬陷，被逼即行离京，从水路调赴一千里外的峡州夷陵。他满怀悲愤来到这远离洛阳、开封的荒僻小邑，开始了坎坷的生活道路。这是欧阳修在仕途初次遭到的挫折，此后又几经调移和再贬滁州，虽是不幸，却也使他的思想与创作起了变化。他从一度繁荣富庶的京都走到贫困多难的基层乡镇，从朝廷收藏文件图书的馆阁走向冷酷复杂的社会，看到了他任文学侍从见不到的许多情景，触动思绪，引起了他对现实与历史一些问题的思考。正是在这谪居外州的时间里，他利用“政务之暇”着手私家著史的事业，即《新五代史》的写作。

在欧阳修写作《新五代史》之前六十多年，已有薛居正奉命领衔撰写监修的《旧五代史》（原名《五代史》）的编纂，不过是把五个小朝代的史书汇合成为一个缩编本，而不是有规划地重写一书。所以其书内容明显地反映着五代统治者的立场观点，多为之作曲笔回护，淹没了史实真相，使后世统治者失去“借鉴”的机会，文章也平淡卑弱，虽然材料很多，叙写详尽，但缺乏考辨选择，同时，文字繁冗，长达一百五十卷。至北宋中期，对五代时期历史已有新的看法，因而在统治者中提出了重撰《五代史》的要求，欧阳修私自重新修订《五代史》，就是在这样的条件下产生的。

《新五代史》出于私撰，但由《欧阳文忠公外集》卷十七、卷十八、卷十九《与尹师鲁书》、《答李淑内翰书》等篇，可知欧阳修修撰此书经历了长期探索，并与友人反复商量过。他断断续续私修五代史，费时甚多。他撰写《新五代史》所依据的史料，也非常丰富，加总起来也有数十种，共计四百多卷。经过十八年左右的时间，到皇佑五年（1053），一部七十四卷的《五代史记》即《新五代史》基本脱稿。此后，他仍反复斟酌，不断修改，直到逝世。因其不肯轻易示人，生前未见流传。嘉佑年间（1056～1063）范镇等向朝廷建议，征取其书，以备正史，“公辞以未成”。其时实已成书，惟以未成为辞而不肯示人而已。欧阳修死后，朝廷下令征去了这部著作，熙宁十年（1077）正式颁行于天下，与薛氏书并行，世人为区别起见，称薛史为《旧五代史》，欧史为《新五代史》。《新五代史》由于被宋廷列为科举考试的一科，因而受到学者的重视。

欧阳修的《新五代史》共七十四卷，目录一卷，分为五个组成部分：本纪十二卷；列传四十五卷；考二篇三卷；世家年谱十一卷；四夷附录三卷。

欧阳修在编写体例上与以往正史作了一些改变。《新五代史》则把五朝的本纪列传综合在一起，按时间先后顺序加以排列。欧阳修按照自己的观点，把人物分成几种类型，分别列入各朝的《家人传》、《臣传》、《死节传》、《一行传》、《唐六臣传》、《义儿传》、《伶官传》、《宦者传》、《杂传》之中。如专在一代做官的人，列入这一代的《臣传》，而历仕数代的人，则被列入《杂传》，他又把后妃与宗室列入《家人传》，而废

过去的后妃传与宗室传。通过这些名目繁多的传名区分，以及史文中的用字差异以贯彻他的褒贬原则。

另外，他尽量注意事增文损。如薛史帝纪六十一卷，新史删并为十二卷，还注意适当增进内容，如在本纪中，新增边疆各族与五代的贡使关系。对周世宗毁佛之时，新史简化成十余字。对于十国事，新史增为十一卷，其中有一卷是十国年谱，即相当于十国年表。又增有“四夷附录”三卷，记奚、契丹、吐浑等。这主要是因为欧阳修在采用史料上，比他以前的史家视野开阔，不但注重运用各朝实录，而且还采用小说、笔记之类的记载，以补充旧史书中所没有的史事。有些则插入比较生动的情节，以小见大，使读者加深对历史事件和人物的了解。

《新五代史》对于世俗流行的迷信思想别有不同的看法。各史书中充满迷信灾异的五行志，《新五代史》全予删去，《司天考》也只记一些天象的变化，略去灾异之事。书中于神异之事，皆以客观的笔法记之，并随时加以评论，这确是欧阳修比一般史家高明之处。

欧史不立志，只有司天、职方二考（天文和地理）。他主观地认为五代典章制度不足为后世法，仅撰二考以备稽查。鉴于五代时疆宇交错，很难用文字表达明白，为了准确反映现实情况，欧阳修将表志改革为职方考，深受王鸣盛的推崇，说："此考虽简略，然提纲挈领，洗眉刷目。"通看此考，便知五代土地，以梁为最小，后汉差大，周又大，而后唐为最大。为我们今天研究五代沿革地理提供了宝贵资料。

简言之，欧史文笔简练，字斟句酌，全书出于一手，远非《旧五代史》所能及，史实方面亦有所补充。欧史直书其事，如朱温以追叛为名向邻部发动进攻之事，欧史即直书"移檄兖郓，诬其诱汴亡卒以东，乃发兵攻之。"（卷一《梁太祖本纪》）这几点是欧史的长处。但欧史叙事过于简略，甚至于重要史实不着一字，且书中差错时有所见，故虽力求高"简"，但有时实际上是"简而不明"。作为史书而言，其史料价值较逊于《旧五代史》。

宋人吴缜撰有《五代史纂误》五卷，纠正了欧史有关一百二十事的错误记载，很受时人重视。但其书久佚。清乾隆时，从《永乐大典》辑出一百十二事，析为三卷，略具梗概。清人杨陆荣的《五代史志疑》四卷、吴兰庭的《五代史记纂误补》四卷，都揭示了欧史的若干错误，可供参阅。彭元瑞、刘凤诰二人，先后

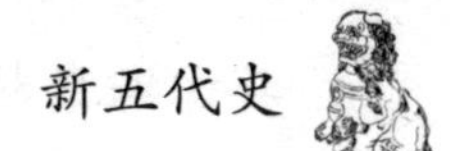

撰成《五代史记补注》四十卷，以欧史为正文，以薛史、《册府元龟》、《五代会要》、《五代史补》等书分注于欧史正文之下，是一部五代史的史料汇编，对于查检五代史事，颇为有用。

政　略

朝庭兴亡　宰相为难

翔为人深沉有大略，从太祖用兵三十余年，细大之务必关之。翔亦尽心勤劳，昼夜不寐，自言惟马上乃得休息。而太祖刚暴难近，有所不可，翔亦未尝显言，微开其端，太祖意悟，多为之改易。

太祖破徐州，得时溥[①]，宠姬刘氏，爱幸之，刘氏故尚让[②]妻也，乃以妻翔。翔已贵，刘氏犹侍太祖，出入卧内如平时，翔颇患之。刘氏诮[③]翔曰："尔以我尝失身于贼乎？尚让，黄家宰相；时溥，国之忠臣。以卿门地[④]，犹为辱我，请以此诀[⑤]矣！"翔以太祖故，谢而止之。刘氏车服骄侈，别置典谒，交结藩镇[⑥]，权贵往往附之，宠信言事不下于翔。当时贵家，往往效之。

太祖崩，友珪立，以翔先帝谋臣，惧其图己，不欲翔居内职，乃以李振代翔为崇政使，拜翔中书侍郎、同中书门下平章事。翔以友珪畏己，多称疾，未尝省事。

末帝即位，赵岩等用事[⑦]，颇离间旧臣，翔愈郁郁[⑧]不得志，其后，梁尽失河北[⑨]，与晋相拒杨刘[⑩]，翔曰："故时河朔[⑪]半在，以先帝之武，御貔虎[⑫]之臣，犹不得志[⑬]于晋。今晋日益强，梁日益削，陛下处深宫之中，所与计事者，非其近习，则皆亲戚之私，而望成事乎？臣闻晋攻杨刘，李亚子负薪渡水，为士卒先。陛下委蛇守文[⑭]，以儒雅自喜，而遣贺瑰为将，岂足当彼之余锋乎？臣虽惫矣，受国恩深，若其乏材，愿得自效。"岩等以翔为怨言，遂不用。

其后，王彦章败于中都[⑮]，末帝惧，召段凝[⑯]于河上。是时，梁精兵悉在凝军，凝有异志，顾望不来。末帝遽呼翔曰："朕居常忽卿言，今急矣，勿以为怼[⑰]，卿其教我当安归？"翔曰："臣从先帝三十余年，今虽为相，实朱氏老奴尔，事陛下如郎君[⑱]，以臣之心，敢有所隐？陛下初用段凝，臣已争之，今凝不来，敌势已迫，欲为陛下谋，则小人间之，必不见听。请先死，不忍见宗庙之亡！"君臣相向恸哭。

翔与李振俱为太祖所信任，庄宗入汴，诏赦梁群臣，李振喜谓翔曰："有诏洗涤，将朝新君。"邀翔欲俱入见。翔夜止高头车坊，将旦，左右报曰："崇政李公入朝矣！”翔叹曰：“李振谬为丈夫矣！复何面目入梁建国门乎？”乃自经而卒。

（《新五代史·梁臣传》）

【注释】

①时溥：唐末徐州节度使，唐中和三年（公元883年）为东南面行营兵马都统，镇压黄巢起义。景福二年（公元893年）梁军攻占徐州，时溥被杀。②尚让：唐末黄巢起义军将领。黄巢建“大齐”，任尚让为大尉兼中书令。撤出长安后，屯兵太康（今属河南），被李克用等击败，公元884年与黄巢同时战死（一说降于唐将时溥）。③诮（qiào）：责备，谴责。④门地：指门第，门阀地位。唐以后以当代官爵高下为区分门第的标准。⑤诀：诀别，告别。⑥“别置”句：典，制度、礼仪，此处指打着仪仗之人。谒，说明、陈述，此处指传达、通报的使者仆人。藩镇，亦称“方镇”。唐初在重要地区设总管，后改称都督，总揽数州军事。唐玄宗时，在边要诸州设置十节度经略使，通称藩镇，其权力扩大到总揽一区的军、民、财政，所辖区内各州刺史均为其下属。安史之乱后，内地也多设节度使，所辖地区还多兼军号。藩镇往往拥兵自大，传位于子孙或部下。五代时藩镇更多。宋初削夺藩镇兵权，结束藩镇割据局面。⑦“末帝”句：末帝，即梁太祖第三子朱友贞，乾化三年即位。用事，当权。⑧郁郁：忧伤、沉闷貌。⑨河北：道名，唐

贞观十道、开元十五道之一，治所在魏州（今河北大名东北），辖境相当于今北京、河北、辽宁省大部，河南、山东古黄河以北地区。⑩杨刘：在今山东东阿县东北古黄河南岸。⑪河朔：泛指黄河以北地区。⑫貔（pí）虎：比喻勇猛的军队。⑬得志：得意，达到目的。⑭委蛇守文：委蛇（wēi yí），庄重而又从容自得的样子；守文，遵守成文。⑮“王彦章”句：王彦章，梁将，龙德三年（公元923年）为北面行营招讨使，抵抗晋军，后战死。中都，县名，治所在今山东汶上。⑯段凝：梁将，时为代替王彦章任北面行营招讨使，后降晋。⑰怼（duì）：怨恨。⑱郎君：贵公子，此处指门生故吏称府主之子。

【译文】

敬翔为人深沉，有方略，跟着梁太祖用兵打仗有三十多年，小事大事都必定牵涉到他。敬翔同时也尽心尽力、勤恳操劳，白天夜里都不睡，他自己说只有在马上才能休息一下。而梁太祖性格刚烈暴躁，难以接近，有不可行的事，敬翔也不曾挑明来说白，只是稍微开个头，（让）梁太祖体会领悟（到不妥或不可行的事）大多因此而改变。

梁太祖攻占了徐州城，获得唐将时溥的爱妾刘氏，（梁太祖）很宠爱她，刘氏是故去的尚让的妻子，（梁太祖）就让刘氏作敬翔的妻子。敬翔显贵了，可刘氏还在侍奉梁太祖，像平时一样进出他的卧室，敬翔因此感到很担忧。刘氏斥责敬翔说：

"你以为我曾在盗贼那里丧失了操节吗？（你以为尚让、时溥是贼，可是）尚让，是黄巢大齐朝廷的宰相；时溥，是大唐国的忠臣。凭你的门第，还辱没了我。请从此分别吧！"敬翔因为梁太祖的缘故，（便向刘氏）谢罪并阻拦了她（的分别）。刘氏的车马服饰很骄纵奢侈，还另设仪仗队和传达使者，与藩镇交往联系，权贵们往往依附于她，她（在梁太祖那里的）宠爱信任、对军国之事的讨论参与（的程度）并不亚于敬翔。当时的显贵之家，往往要仿效刘氏。

梁太祖死后，朱友珪立为皇帝，因敬翔是先帝的谋臣，朱友珪怕他打自己的主意，不想要敬翔担任朝廷亲近的职务，就以李振代替敬翔任崇政院使，任敬翔为中书侍郎、同中书门下平章事。敬翔也因朱友珪怕自己，就常常称病（在家），不去过问政务。

梁末帝即位后，赵岩等专权弄事，大肆挑拨离间（朝廷与）老臣（的关系），敬翔更加忧闷、不得志。此后，后梁把河北地区都丢失了，和晋军在杨刘对抗着，敬翔说："以前我们还占有着河北一半的地区，凭着先帝的武威，统率着勇猛善战的臣子，（梁）尚且不能打败晋。现在晋日益强大，梁渐渐日益削弱，陛下住在深宫之中，和陛下谋划事情的人，不是陛下的亲信，就都是内亲外戚的偏爱（之人），（这样）还有希望办成大事吗？我听说晋军进攻杨刘时，晋王李存勖是背着柴草过河，身先士卒。而陛下从容自得，遵守成文，因儒雅而沾沾自喜，却派贺瑰任统率梁军的将军，（这样）难道足以抵抗敌军的余锋吗？我虽然困乏衰朽了，但蒙受了国家很深的恩泽，如果国家缺乏有才能的人，我希望能效力。”赵岩等认为敬翔说的是怨恨之话，就没听他的。

此后，王彦章在中都打了败仗，梁末帝害怕了，从黄河上召见段凝。此时，梁的精兵都在段凝的军队里，段凝心怀不轨，左右顾盼着（担心犹移）而不来朝见（皇上）。梁末帝急促地喊着敬翔说：“我平时不注重你的话，现在危急了，请你不要怨恨，请你指教我该怎样归宿呢？”敬翔说：“我跟随先帝30多年，现在虽然当着宰相，实际上只是朱家的老奴仆而已，我事奉陛下如同（事奉）郎君，凭着我的忠心，哪敢有所隐瞒？陛下当初任用段凝时，我曾论过此事。现在段凝不来朝见陛下，（而且）敌人的势力已迫近了，（如果我）想要替陛下谋划，那么小人就会来挑拨离间（我们的君臣关系），（我的谋划也）一定不会被（陛下）采用。请（让我）先死吧，我不忍心看到朝廷的灭亡！”（说完）君臣面对着痛哭。

敬翔和李振都被梁太祖所信任，后唐庄宗进入汴京（开封）时，下诏赦免梁的众位臣子，李振欢喜地对敬翔说：“（唐）有诏书赦免（我们），（我）将朝见新的皇帝。”他邀请敬翔想一起入宫参见（新皇帝）。敬翔夜里住在高头车坊，快天亮时，身边的人报告说：“崇政院使李公进朝了！”敬翔叹息道：“李振错为男人了！又有什么脸面进梁朝的建国门呢？”他于是上吊而亡。

御　人

钱唐断交

钱镠[①]据有两浙[②]，号兼吴赵而王，自梁及庄宗，常异其礼，以羁縻[③]臣属之而已。明宗即位，镠遣使朝京师，寓书[④]重诲[⑤]，其礼慢。重诲怒，未有以发，乃遣其嬖吏[⑥]韩玫、副供奉官乌昭遇复使于镠。而玫恃重诲势，数凌辱昭遇，因醉使酒，以马箠[⑦]击之。镠欲奏其事，昭遇以为辱国，固止之。及玫还，返谮[⑧]于重诲曰："昭遇见镠，舞蹈[⑨]称臣，而以朝廷事私告镠。"昭遇坐死御史狱，乃下制[⑩]削夺镠官爵以太师致仕[⑪]，于是钱氏遂绝于唐矣。

（《新五代史·唐臣传》）

【注释】

①钱镠：五代时吴越国的建立者。②两浙：浙东、浙西的合

称。浙东，唐方镇名，全称浙江东道，治所在越州（今浙江绍兴）。浙西，唐方镇名，全称浙江西道，治所在杭州。天复二年（公元902年）钱镠被唐封为越王，天箓元年（公元904年）又被唐封为吴王，后梁太祖封他为吴越王，后唐庄宗也对他予以册封。③羁縻：笼络使其不生异心。④寓书：致书、寄信。⑤重诲：即后唐明宗时的枢密使安重诲。⑥嬖吏：宠吏。⑦箠（chuí）：鞭子。⑧谮（zèn）：诬陷；中伤。⑨舞蹈：古时臣子朝见皇帝时的一种仪节。⑩制：帝王的命令。⑪致仕：交还官职，意为辞官。

【译文】

钱镠占有两浙，兼有吴王越王的封号而称王，从梁到唐庄宗，常以异常的礼仪对待钱镠，只是以便笼络他，使他称臣附属朝廷而已。唐明宗即位后，钱镠派遣使节来京城朝见，致书安重诲，礼节比较傲慢。安重诲愤怒却没有发作，就派遣他的宠吏韩玫、副供奉官乌昭遇回使于钱镠。而韩玫仰仗安重诲的势力，几次欺辱乌昭遇，趁着醉意，用马鞭抽打乌昭遇。钱镠要把此事上奏朝廷，乌昭遇认为（这样会）辱没国家，就坚决地阻止了他。等到韩玫回来，他反而在安重诲那里诬蔑（乌昭遇）说："乌昭遇见到钱镠时，以臣见君之仪向钱镠称臣，并把朝廷之事私下告诉钱镠。"乌昭遇坐死御史狱中，（朝廷）就下令剥夺钱）的官职爵位，（钱镠）以太师之职辞官，自此以后钱氏就与唐断绝了关系。

军　事

郭崇韬定唐

康延孝[①]自梁奔唐，先见崇韬[②]，崇韬延之卧内，尽得梁虚实。是时，庄宗军朝城，段凝军临河。[③]唐自失德胜，梁兵日掠澶、相，取黎阳、卫州，[④]而李继韬以泽潞叛入于梁，契丹数犯幽、涿，[⑤]又闻延孝言梁方召诸镇兵欲大举，唐诸将皆忧惑，以谓成败未可知。庄宗患之，以问诸将，诸将皆曰："唐得郓州，隔河难守，不若弃郓与梁，而西取卫州、黎阳，以河为界，与梁约罢兵，毋相攻，庶几以为后图。"

庄宗不悦，退卧帐中，召崇韬问计，崇韬曰："陛下兴兵仗义，将士疲战争、生民苦转饷者，十余年矣。况今大号[⑥]已建，自河以北，人皆引首以望成功而思休息。今得一郓州，不能守而弃之，虽欲指河为界，谁为陛下守之？且唐未失德胜时，四方商贾，征输必集，薪刍[7]粮饷，其积如山。自失南城，保杨刘[8]，道路转徙，耗亡太半。而魏、博五州，秋稼不稔[9]，竭民而敛，不支数月，此岂按兵持久之时乎？臣自康延孝来，尽得梁之虚实，此真天亡之时也。愿陛下分兵守魏、固杨刘，而自郓长驱捣其巢穴，不出半月，天下定矣！"

庄宗大喜曰："此大丈夫之事也！"因问司天，司天言："岁不利用兵。"崇韬曰："古者命将，凿凶门而出。况成算[10]已决，区区常谈，岂足信也！"庄宗即日下令军中，归其家属于魏，夜渡杨刘，从郓州入袭汴[11]，用八日而灭梁。

（《新五代史·唐臣传》）

【注释】

①康延孝：梁将。龙德三年（公元923年）后梁以段凝为北面行营招讨使，梁军先锋将康延孝叛降于唐。②崇韬：即郭崇韬，时为后唐枢密使。③"是时"句：是时，此时，指后梁龙德三年、后唐同光元年（公元923年）。庄宗，即后唐庄宗李存勖。朝城，唐开元七年（公元719年）改武圣县置，治所在今山东莘县西南朝城。临河，县名，治所位于今河南浚县东北部。④"唐自"句：德胜，在今河南濮阳县，五代时为黄河渡口。晋军（即唐军）在此隔河筑有南北两寨（城），称"夹

寨”。同光元年五月梁军夺取德胜南城。澶，澶州，治所在顿丘（今河南清丰县西）。相，相州，治所在安阳（今市）。黎阳，县名，治所在今河南浚县东北。卫州，治所在汲县（今河南汲县）。⑤“而李”句：李继韬，李嗣昭（晋王李克用之弟的养子）之子，时为昭义军留后，同光元年三月叛附于梁，后被杀。泽潞，唐方镇名，治所在潞州（今山西长治市），后并入昭义军。幽，幽州，治所在今北京市城区西南。涿，涿州，治所在范阳县（今河北涿县）。⑥大号：国号。同光元年四月，唐庄宗即位，国号唐，是为后唐。⑦刍（chú）：牲口吃的草。⑧杨刘：在今山东东阿县东北古黄河南岸。⑨“而魏”句：魏博为唐、五代方镇，长期据有魏、博、贝、卫、澶、相六州；本处所指“五州”当为上述六州中的五州。稔（rén），庄稼成熟。⑩成算：已定的计划。⑪汴：汴州（今河南开封），为后梁东都。

【译文】

梁将康延孝从梁投唐，先参见郭崇韬，郭崇韬把他请到卧室内，了解到梁军的全部虚实情况。这时，唐庄宗领军驻在朝城，梁将段凝率梁军驻扎临河。唐自从丢失了德胜（南城），梁军迅速攻取了澶州、相州，夺取了黎阳、卫州，而且唐将李继韬又以泽潞投降了梁，契丹几次侵犯幽州、涿州，又听康延孝说梁正召集各方镇的兵马要大规模行动，唐的众将领为此忧

虑疑惑，以为难以预料唐的成败。唐庄宗对此很担忧，就此询问众将领，众将都说：“唐夺得郓州，隔着黄河难以防守，不如放弃郓州（把郓州）给梁，而向西夺取卫州、黎阳，以黄河为界，与梁定约息兵，不再互相攻击，（如此这般）或许可作为以后的打算。”

唐庄宗不高兴，回来躺在军帐中，召来郭崇韬询问计策，郭崇韬说：“陛下起兵主持正义，将士疲于战争、百姓苦于转运粮饷的情况，已有十多年了。何况现在国号已建立，从黄河以北，人们都伸长脖子希望看到成功而期盼休养生息。现在唐夺得一个郓州，就不能守住而放弃它，虽然想划河为界，谁来为陛下把守边界？况且唐没有丢失德胜（南城）时，（向）各方商人征的税、缴的赋必能聚集起来，柴草粮饷，堆积成山。自从丢失（德胜）南城、救保杨刘，在道路上转移调迁，（粮草）消耗丢失了一大半。而且魏、博等五州，秋天的庄稼没成熟，（即使）把百姓搜尽式地征敛，也支持不了几个月，这难道是停兵不战、长久坚持的形势吗？我自从康延孝投来，已全部了解了梁兵的虚实情况，这真是上天灭亡梁的时机啊。希望陛下分出兵力据守魏州，固防杨刘，而从郓州长驱直捣梁的巢穴，不用半月，天下可定！”

唐庄宗大喜说：“这真是大丈夫的事业啊！”他于是询问掌管天象的官员，掌管天象的官员说：“年景不利于用兵（打仗）。”郭崇韬说：“古时任命将帅（领兵出征），是打通不吉利的门出发的。何况（我们能取胜的）计划已经决定，平庸之语，哪里值得相信！”唐庄宗（于是）当天下令军中，把他们的家属安顿到魏州，（唐军）夜里就从杨刘渡过黄河，从郓州进入（梁地）袭击汴州，仅用八天就灭了梁。

理 财

庄宗夫妇 既吝且贪

庄宗自灭梁[①]，志意骄怠，宦官、伶人乱政，后[②]特用事于中。自以出于贱微，踰[③]次得立，以为佛力。又好聚敛，分遣人为商贾，至于市肆之间，薪刍果茹[④]，皆称中宫所卖。四方贡献，必分为二，一以上天子，一以入中宫，宫中货贿山积。惟写佛书，馈赂[⑤]僧尼，而庄宗由此亦佞佛。……

同光三年秋大水，两河之民，流徙[①]道路，京师赋调不充，六军之士，往往殍踣[⑦]，乃预借明年夏、秋租税，百姓愁苦，号泣于路，庄宗方与后荒于畋游。十二月己卯腊，畋于白沙[⑧]，后率皇子、后宫毕从，历伊阙[⑨]，宿龛涧，癸未乃还。是时大雪，军士寒冻，金枪卫兵万骑，所至责民供给，坏什器，彻庐舍而焚之，县吏畏惧，亡窜山谷。

明年三月，……宰相请出库物以给军，庄宗许之，后不肯，曰："吾夫妇得天下，虽因武功，盖亦有天命。命既在天，人如我何！"宰相论于延英，后于屏间耳属之，因取妆奁及皇幼子满喜置帝前曰："诸侯所贡，给赐已尽，宫中所有惟此耳，请鬻[⑩]以给军！"宰相惶恐而退。及赵在礼作乱[⑪]，出兵讨魏，始出物以赉[⑫]军，军士负而诟[⑬]曰："吾妻子已饿死，得此何为！"

庄宗东幸汴州，从驾兵二万五千，及至万胜[⑭]，不得进而还[⑮]，军士离散，所亡太半。至罂子谷，道路隘狭，庄宗见从官执兵仗者，皆以好言劳之曰："适报魏王平蜀[⑯]，得蜀金银五十万，当悉给尔等。"对曰："陛下与之太晚，得者亦不感恩。"庄宗泣下，因顾内库使张容哥索袍带以赐之，容歌对曰："尽矣。"军士叱容哥曰："致吾君至此，皆由尔辈！"因抽刀逐之，左右救之而免。容哥曰："皇后惜物，不以给军，而归罪于我。事若不测，吾身万段矣！"乃投水而死。

（《新五代史·唐太祖家人传第二》）

【注释】

①"庄宗"句：庄宗，即后唐庄宗李存勖（xù）（公元923—926年在位）。同光元年（公元923年）庄宗灭后梁。

②后：指后唐庄宗皇后刘氏。③踰：（yú）：即“逾”，超过，超越。④薪刍果茹：薪，柴。刍（chú），牲口吃的草。果，果子，瓜果的果。茹（rú），蔬菜。⑤馈（kuì）赂（lù）：赠送财物。馈，赠送；赂，赠送财物。⑥徙（xǐ）：迁移。⑦殍（piǎo）踣（bó）：殍，饿死。踣，倒毙。⑧白沙：地名，在今河南省洛阳市东。⑨伊阙：地名，在今河南省洛阳市南。⑩鬻（yù）：卖。⑪赵在礼作乱：指同光四年（公元926年）二月邺都军将赵在礼在贝州发动兵变。⑫赉（lài）：赏赐。⑬诟（gòu）：骂，辱骂。⑭万胜：地名，在今河南省中牟县西北。⑮“不得”句：指成德军节度使李嗣源因害怕唐庄宗加害于己而发动兵变，于同光四年（公元926年）三月占领汴州（今河南开封），庄宗只得半路上返回都城洛阳。⑯魏王平蜀：指同光三年（公元925年）庄宗派长子、魏王李继岌与大将郭崇韬一起带兵伐蜀，同年灭蜀。

【译文】

后唐庄宗自从灭掉后梁，意志骄傲懈怠，宦官、戏子乱政，皇后执掌后宫大权。皇后自认为出身低下，之所以能超越次序而被立为皇后，她以为靠的是佛力。她喜欢聚物敛财，还派人出去当商人做买卖，以至于在市场上，柴草果菜都说是后宫所卖的。各地方所贡献的物品，必定要分为二部分，一部分奉献给皇上，一部分收进了后宫，宫中的货品财物堆积如山。皇后只是好抄写佛书，馈赠财物给僧人尼姑，而庄宗也从此迷信起佛来。……

同光三年秋发了大水，伊水、洛河流域的百姓流离失所，朝廷的赋税不足，全军将士，往往饿死。于是朝廷预借第二年夏、秋的租税，老百姓愁苦不堪，号哭在路上。庄宗正与皇后沉溺于打猎和游乐之中。十二月己卯日，已是腊月，皇上在白沙打猎，皇后带着全部皇子及后宫人员随着庄宗，经伊阙，住龛涧，至癸未日（四天后）才回来。当时下着大雪，军士遭寒受冻，金枪卫兵有上万骑兵，所到一地，就要老百姓供给，军士们还毁坏家什器物，甚至拆毁草庐房屋来烧火，县吏害怕，就逃进了山谷。

第二年三月，……宰相请求拿出朝廷仓库中的财物来供给军队，庄宗同意了，但皇后不答应，说："我们夫妻得到天下，尽管是靠着武力，但也有天命。命运既然掌握在上天，人又能把我怎样！"宰相在延英殿议论供给军队之事，皇后在屏风后听到了，于是就拿出脂粉盒和皇帝的小儿子李满喜放在皇帝面前，说："诸侯所贡献的东西，已赏赐散发光了，宫中所有的就是这些，请拿去卖掉来供给军队！"宰相害怕不安地退下朝来。等到赵在礼发动叛乱，庄宗派兵讨伐魏州时，才拿出财物来赏给军士，军士拿着财物骂道："我的老婆孩子都饿死了，要它干什么！"

庄宗东征讨伐汴州叛军，随同出征的兵士有2. 5万人，到了万胜镇，不能前进而往回走时，军士纷纷逃离，逃跑离散的有一大半。到了罂子谷，道路狭窄难行。庄宗看见拿着兵器仪仗的随从官员，都用好话慰劳他们说："刚得报告：魏王平定了蜀国，获得蜀国的金银50万两，要全部赏给你们。"对方答道："陛下给得太晚了，得到的人也不会感谢您的大恩。"庄宗不禁哭了起来，于是回头找内库使张容哥要袍带赏赐给他们。张容哥说："袍带已完了。"军士叱责张容哥说："致使我皇陷入这种境地，都是由于你们！"于是抽出刀追逐张容哥，张容哥被左右的人救护才得脱免。张容哥说："皇后吝惜财物，不拿出来供给军队，却归罪于我。如果出现不可预料的事，我就碎身万段了！"他于是投水自杀了。

明宗谋潞王

潞王从珂为河中节度使①，重海②以谓从珂非李氏子，后必为国家患，乃欲阴图之。从珂阅马黄龙庄，其牙内指挥使杨彦温闭城以叛。从珂遣人谓彦温曰："我遇汝厚，何苦而反邪？"报曰："彦温非叛也，得枢密院宣，请公趋③归朝廷耳！"从珂走虞乡，驰骑上变。明宗疑其事不明，欲究其所以，乃遣殿直都知范氲以金带袭衣、金鞍勒马赐彦温，拜彦温绛州刺史，以诱致之。重海固请用兵，明宗不得已，乃遣侍卫指挥使药彦稠、西京留守索自通率兵讨之，而诫曰：“为我生致彦温，吾将自讯[4]其事。”彦稠等攻破河中，希重海旨，斩彦温以灭口。重海率群臣称贺，明宗大怒曰：“朕家事不了，卿等不合[5]致贺！”从珂罢镇，居清化里第。重海数讽[1]宰相，言从珂失守，宜得罪，冯道[7]因白请行法。明宗怒曰：“吾儿为奸人所中，事未辨明，公等出此言，是不欲容吾儿人间邪?”赵凤[8]因言：“《春秋》责帅之义，所以励为臣者。”明宗曰：“皆非公等意也！”道等惶恐而退。居数日，道等又以为请，明宗顾左右而言他。明日，重海乃自论列[9]，明宗曰：“公欲如何处置，我即从公！”重海曰：“此父子之际，非臣所宜言，惟陛下裁之！”明宗曰：“吾为小校时，衣食不能自足，此儿为我担石灰，拾马粪，以相养活，今贵为天子，独不能庇之邪！便其杜门[10]私第，亦何与公事！”重海由是不复敢言。

（《新五代史·唐臣传》）

【注释】

①“潞王”句：从珂，即后唐明宗养子李从珂，本姓王；后唐明宗即位时，任河中节度使，封潞王；长兴三年（公元

933 年）为凤翔节度使；在应顺元年或清泰元年（公元 934 年）发动兵变，废闵帝，即位，是为末（废）帝。河中，方镇名，治所蒲州（后升为河中府，治所在今山西永济县蒲州镇）。②重海：即安重海，后唐明宗时任枢密使。③趋：快走；赶快。④讯：审问、询问。⑤合：应该。⑥讽：用含蓄的话暗示或劝告。⑦冯道（公元 882—954 年）：字可道，自号长乐老，后唐、后晋时，历任宰相；契丹灭后晋时，又附契丹为太傅；后汉时为太师；后周时为太师、中书令。⑧赵凤：后唐明宗时为端明殿学士、同中书门下平章事。⑨论列：议论、陈述。⑩杜门：闭门不出。

【译文】

潞王李从珂任河中节度使，安重海认为李从珂不是李家之子，将来定会是国家的祸害，就想暗暗谋算他。李从珂在黄龙庄看马，他属下的牙内指挥使杨彦温关闭城池背叛（李从珂）。李从珂派人对杨彦温说："我待你不薄，为什么反叛呢?"（杨彦温）回答说："杨彦温不是反叛，而是得到枢密院宣布的皇帝诏谕，请您赶快回朝廷去而已！"李从珂跑到虞乡，快马上报事变。唐明宗想弄清原委，就派殿直都知（官）范氲用金带连着的衣、金鞍配着马赏赐给杨彦温，任命杨彦温为绛州刺史，以引诱来杨彦温。安重海坚决地请求派兵讨伐，唐明宗无法，才派侍卫指挥使药彦稠、西京留守索自通率兵讨伐杨彦温，并告诫药、索说："给我把杨彦温活着带来，我要亲自审问他的事情。"药彦稠等攻下河中，并按安重海的意思，杀了杨彦温以灭口。安重海率群臣来称颂庆贺，唐明宗大怒道："我的家事还没弄明白，你们不应来祝贺！"李从珂免去了节度使，住在清化里的府宅里。安重海几次暗示宰相，（要他们）上奏李从珂的失职，应当获罪，冯道于是奏请按法律处治（他）。唐明宗愤怒地说："我儿被奸人所中伤，事情还没辨别清楚，您们就说出这样的话，这是不想在人间容下我儿吧？"赵凤于是说："《春秋》中要求将帅的大义，是用来劝勉当臣子的。"唐明宗说："这些都不是您们的意思！"冯道等惶恐不安地退出去了。几天之后，冯道等又请求（唐明宗处治李从珂），唐明宗看着身边的人而说着别的事。第二天，安重海就亲自议论（此事），唐明宗说："您想怎么处置（李从珂），我马上听您的！"安重海说："这是父子之间（的事），不是我所应当说的，但由陛下裁决它！"唐明宗说："我当军中小校时，衣食不能自己满足自己，这个儿子为我挑石灰、捡马粪，以此养活我，现在我贵为天子，难道还不能保护他吗！使他在家闭门不出，对朝廷之事有何影响！"安重海从此不敢再提及此事。

德 操

仁厚的李重美

重美[1]，幼而明敏如成人。废帝[2]即位，自左卫上将军领成德军节度使、兼河南尹、判[3]六军诸卫事，改领天雄军节度使、同中书门下平章事，封雍王。

石敬瑭反，废帝欲北征，重美谓宜持重，固请毋行。废帝心惮敬瑭，初不欲往，闻重美言，以为然，而刘延皓[4]与刘延朗[5]等迫之不已，废帝遂如河阳[1]，留重美守京师。京师震恐，居民皆出城以藏窜，门者禁止之。重美曰："国家多难，不能与民为主，而欲禁其避祸，可乎？"因纵民出。及晋兵将至，刘皇后积薪于地，将焚其宫室，重美曰："新天子至，必不露坐，但佗日[7]重劳民力，取怨身后耳！"后以为然。废帝自焚，后及重美俱死。

（《新五代史·唐废帝家人传》）

【注释】

①重美：后唐废帝之子。②废帝：即后唐废帝李从珂。本姓王，后封为潞王；后以兵反，于清泰元年即皇位。③判：唐、五代、宋时官制。④刘延皓：唐废帝皇后刘氏之弟，任枢密使、天雄军节度使。⑤刘延朗：唐废帝时任枢密副使。⑥河阳：古县名，治所在今河南孟县。⑦佗日：他日。佗，同“他”。

【译文】

李重美，年少时就像大人般聪慧敏捷。唐废帝即位后，他从左卫上将军的职位上担任成德军节度使、兼任河南尹、判六军诸卫事，又改任天雄军节度使、同中书门下平章事，封雍王。

石敬瑭反叛后唐，唐废帝想北征叛军，李重美认为应当谨慎稳重，并坚持请求废帝不要出征。唐废帝心里害怕石敬瑭，当初就不想去，听了李重美的话，认为李重美讲得对，但刘延皓和刘延朗等大臣却不停地催促皇帝北征，唐废帝就去了河阳，留下李重美据守京城。皇帝北征后京城的人非常恐惧，居民都出城躲藏逃避，守城门的人禁止他们（出城）。李重美说：“国家多灾多难，不能给百姓作主而保护他们，却要禁止他们去躲避灾祸，行吗？”因此纵使百姓出城。到晋军快要到来（的时候），刘皇后在地上堆积柴草，要烧毁他们的宫室，李重美说：

“新的皇帝来了，一定不会坐在露天，（如果烧掉宫室），只会使新皇帝在今后重又役使百姓，叫我们死后还要遭到百姓怨恨！”刘皇后以为正确。唐废帝自焚了，刘皇后和李重美也都死了。

传世故事

五代之士与儒

自后梁太祖开平至后周显德，前后计五十三年，而天下经历了五代王朝。士人不幸生活在这个时期，而想保全节操而不事二姓者，就很少见了。在这个时期，要按照死事忠君和不事二姓来要求士人，那么天下算得上“士人”的便没有一个了。再说，当时的社会风习，认为苟且偷生、仕事二姓之主是理所当然的事。至于那些儒者，以仁、义、忠、信为信条，享用人家的俸禄，在人家的国家机构中任职，而不管人家的国家生存与灭亡，都以苟且偷生而恬然自得，非但不知羞愧，反而以自己的所得为荣耀的人，哪里能数得清呢！

杨行密计诛叛臣

朱延寿，是杨行密夫人朱氏的弟弟。田頵（yūn，或 jūn）及安仁义将要反叛时，杨行密怀疑朱延寿也参与了密谋，于是假装眼睛有病，每次接待朱延寿派来的使者，必定当着使者的面故意把见到的东西说的颠三倒四。有一次走路故意撞在柱子上跌倒在地，被朱夫人扶起来，好久才苏醒过来，哭着说："我大业已就，却坏了眼睛，是天意要我成为废人啊！我的儿子都不能够托付大事，假若延寿来，把大业交给他，我就没有遗恨了。"朱夫人听后大喜，马上召来朱延寿。延寿到，杨行密迎到寝宫门口，刺杀了他，并休掉了朱氏失人，让她另行嫁人。

后唐庄宗猜忌良将

自从晋王李存勖得到魏博后，便让王建及统领银枪效节军。王建及作为将领，喜欢把家财散发给士兵。李存勖派宦官韦令图到银枪效节军中做监军。韦令图向李存勖报告说："王建及很得将士之心，怕他另有所图，不能让他统帅银枪效节军。"李存勖马上改派王建及做代州（今山西代县一带）刺史。王建及郁恨不乐而死，年仅五十七岁。

方镇割据　百姓遭殃

梁王朱全忠的军队围困龟缩在凤翔（今陕西凤翔）的李茂贞的军队已经一年多了，李茂贞每次出战就遭到失败，于是紧闭城门不敢出战了。城中的柴草、粮食全都用光了，再加上从入冬到开春，降雪不止，百姓冻死的每天达几千人。一斗米价值七千钱，以至于烧人粪、煮尸体吃。父亲吃自己孩子的肉，有来争夺的，父亲说："这是我的孩子，你怎能够吃呢！"人肉每斤要价一百钱，狗肉每斤要价五百钱。父亲安心自得地吃着自己的孩子，而人肉比狗肉还贱。

宰相李愚清贫廉洁

李愚身为宰相，不治理私宅，借居在延宾馆内。有一次，他病了，唐明宗派宦官去问病，看到他睡着破席烂毡，四壁空空，回宫后报告了明宗。明宗叹息了好久，传令将宫中的帐幔铺被等赐给了他。

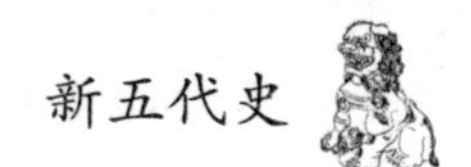

人物春秋

乱世明君——唐明宗

明宗圣德和武钦孝皇帝，生于少数民族，无姓氏。父霓，为雁门部将，生子邈佶烈，以善于骑射被太祖选为侍卫，性情忠厚寡言，办事认真谨慎，太祖收为养子，赐名嗣源。

梁军攻兖、郓二州，朱宣、朱瑾来求援军，太祖派李存信率兵三万去救援。存信留驻莘县不肯前进，太祖使嗣源另率三千兵士攻击梁军，梁军解围而去。存信留莘县久了，被罗弘信袭击败走，嗣源独能殿后而还，太祖以嗣源所部五百骑兵将士为“横冲都”。

公元900年，李嗣昭攻梁邢、洺二州，出青山，遇葛从周兵，嗣昭败走，梁军追赶。嗣源从近道赶来，对嗣昭说：“为公一战。”他下马解鞍磨箭镞，在高处摆开阵势，左右指画，梁追兵望见不知在干什么。嗣源大叫说：“我要杀葛公，士兵不要动!”说罢纵马驰入敌阵，出入奋击，嗣昭也驰入敌阵，梁兵退走了。嗣源身中四箭，太祖解衣看伤赐药治疗多方慰劳，从此李横冲名扬四方。

梁、晋大军在柏乡对峙，梁龙骧军以赤、白马分为两阵，旗帜铠仗和马的颜色一样，晋兵望见都感到恐慌。庄宗举盅向嗣源敬酒说："你望见梁军的赤、白马害怕吗？连我也有点胆怯啊！"嗣源笑着回答说："这是虚张声势，这些马明日都会归到我的马厩中来。"庄宗高兴地说："你理应以这种气魄去消灭敌人。"嗣源拿起酒盅一饮而尽，然后奋槊上马驰入敌阵，攻其白马，捉拿两名裨将而回。梁兵大败而去，嗣源因功被封为代州刺史。

庄宗攻打刘守光，嗣源及李嗣昭率兵三万出飞狐，定山后，攻取武、妫、儒三州。庄宗攻占魏州，接着攻下磁、相二州，封嗣源为相州刺史、昭德军节度使。后来，移镇安国。契丹攻幽州，庄宗派嗣源与阎宝等人去赶走。

公元923年，移阵横海。梁、唐军对峙于河上，李继韬以潞州降梁，庄宗十分忧愁，召嗣源商议说："继韬以上党降梁，而梁正在急攻泽州，我们若出其不意袭击郓州，能够断梁的右臂，可以吗？"嗣源说："隔河对峙久了，倘若不出奇兵很难成大事，我请求担当这一重任。"因此率步骑五千渡过济水到达郓州，郓州军毫无防备，被一举攻破，嗣源当即被任命为天平军节度使、蕃汉马步军副都总管。

梁军攻破德胜南栅，庄宗退兵守杨刘城，王彦章急攻郓州，庄宗全军救援，嗣源为前锋进攻梁军，追至中都，捉住彦章及

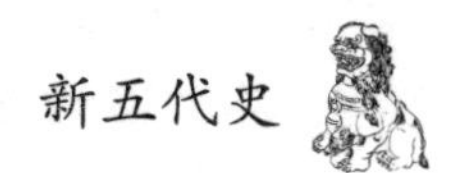

梁监军张汉杰。

彦章虽败，而段凝仍将梁兵驻守河上，庄宗未知所向，众将希望乘胜攻占青、齐二州，嗣源说："彦章兵败，段凝还不知道，即使他已知道了，从迟疑到定计，也要两、三天，纵然知道了我们的计划，立即发救兵，必然从黎阳渡河，几万军队，船一天能准备齐吗？"从这里到汴州不过数百里，前边无险阻，大队人马前进马上就到，攻下了汴州，段凝还能有什么作为！"郭崇韬也劝庄宗进攻汴州，庄宗认为说得很对，派嗣源率千骑先到汴州，攻封丘门，王瓒投降。庄宗后到，见嗣源大喜，拉着他的衣服，以头相触说："天下与你共享。"马上任嗣源为中书令。

天成元年，郭崇韬、朱友谦都由于庄宗听信谗言而被杀，嗣源因名位高也受到庄宗猜忌。赵在礼在魏州谋反，大臣们都请求派嗣源去讨伐，庄宗不许，群臣屡请，庄宗不得已才派嗣源去讨伐。

三月二十五日，嗣源至魏，驻军御河南，在礼登楼谢罪。二十七日，军士哗变，强迫嗣源入魏城与在礼合军，傍晚嗣源出城到魏县。三月一日，率兵南进，派石敬瑭率三百骑兵为先锋。嗣源经过巨鹿，掠小坊马二千匹补充军队。十六日，进入汴州。

四月一日，庄宗死。三日，嗣源率军进入洛阳。八日，自为监国，在兴圣宫朝见群臣。二十日，才到西宫在庄宗灵前祭奠，在柩前即皇帝位，换掉丧服穿上皇帝礼服。二十六日，魏王继岌死。二十八日，大赦，改元。

长兴四年春，十一月二十三日，侍卫亲军都指挥使康义诚杀三司使孙岳。二十六日，皇帝在雍和殿病死。

唉，自古以来治世少而乱世多！三代之王有天下者，都是数百年，能够赞颂者，不过几个国君而已，何况后世呢！更何况五代呢！

我听长辈对我说："明宗虽出身于少数民族，可为人纯质，宽仁爱人。"对于五代的君主来说，称得上好皇帝。他常常夜里焚香，仰天而祝说："臣本蕃人，怎能治理好天下！世乱太久了，希望早生圣人。"初即位，放出宫人、伶官；废内藏库，四方所贡之物，全部交有关机构处理。广寿殿火灾，有关部门处理，请加强保护。明宗叹气说："天以火警告我，我怎敢增加奢侈呢！"天气常干旱，又突然下雪，皇帝坐庭园中，下诏宫中不要扫雪，说："这是天赐给我的。"多次向宰相冯道等人问民间疾苦，听说谷帛贱，民无疾疫，就高兴地说："我有何德能得天如此重爱，应与大家都做好事，来报答上天之恩。"官吏有贪污的，常被处死刑，说："这种人是民贼、是蛀虫啊！"下诏褒奖廉洁的官吏孙岳等人，以昭天下。他如此爱人恤物，完全是有意把国家治理好。

他即位时，年龄已高，不近声色，不乐游猎。在位七年，是五代君主中最长寿的人，战争基本上停止了，年年丰收，百

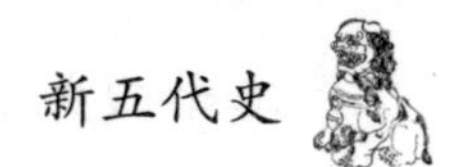

姓因此得到休养生息。

可是他是少数民族，虽仁慈而不明，往往不分是非地杀大臣。甚至对从荣父子之间的事都不能防患于未燃，祸起仓卒，使他犯了反叛大罪，皇帝也因此饮恨而死。

当时，大理少卿康澄上疏谈时事，说："掌握国家权力的人有不足惧者五，深可畏者六：日、月、星发生变异不足惧，天象变异不足惧，小人流言蛮语不足惧，山崩川竭不足惧，水旱虫蝗不足惧；贤士躲藏深可畏，人民流亡深可畏，上下相徇深可畏，廉耻丧失深可畏，毁誉乱真深可畏，直言不闻深可畏啊！"有见识的人都认为这些话切中时弊。从荣之变，任圜、安重诲等人之死，可谓上下相徇，毁誉乱真之弊了。可是康澄的话，也不是指一时的弊病，凡是掌握国家政权的人，都要经常警戒自己才好。

亡国之憾——李后主

李煜，字重光，李璟的第六个儿子。李煜为人仁而孝，善作诗文，又善于写字作画。他额头极宽，前齿两个并成一个，有一只眼睛两个瞳仁。从太子李冀以上五个哥哥都早死，李煜按顺序被封为吴王。宋建隆二年（961），李羡迁于南都，立李煜为太子，留京监国。李璟死，李煜继帝位于金陵。母亲钟氏，其父名泰章。李煜尊他母亲为"圣尊后"；立他的妃子周氏为皇后；封他的弟弟李从善为韩王，李从益为郑王，李从谦为宜春王，李从度为昭平郡公，李从信为文阳郡公。大赦境内。派中书侍郎冯延鲁准备贡礼送给宋朝廷，令各司四品以下的官员没有任务的，每日二人奉陪于内殿。

建隆三年，泉州留从效死。李璟向周朝称臣的时候，留从效也奏表章贡品献到京师，宋世宗因为李璟的原故，不接受。留从效听说李璟迁到洪州，怕李璟来袭击，于是派他儿子留绍基到金陵去纳贡，而留从效已病死，泉州人于是将他的族人一并送到金陵，另推立副使张汉思。张汉思年岁大了，不能胜任职务之事，泉州人陈洪进把他赶走，自己称“留后”，李煜便以陈洪进为节度使。乾德二年，开始使用铁钱，民间多私藏旧钱，旧钱更加少了，商人很多用十个铁钱换一个铜钱带出州境，官家无法禁止，李煜因此下令以一枚铜钱当十枚铁钱用。李煜任韩熙载为中书侍郎、勤政殿学士，封其长子韩仲遇为清源公，封其次子韩仲仪为宣城公。

建隆五年（964），李煜命令两省侍郎、给事中、中书舍人、集贤殿勤政殿学士，分批于光政殿值夜班，和他们谈论。李煜曾由于韩熙载尽忠，能率直说真话，想用为宰相，而韩熙载后房有妓女侍妾数十人，多到外舍私陪宾客，李煜因此认为难以为相，于是降而授予韩熙载右庶子之职，分司南都。韩熙载将众妓女尽行斥逐，自己单车上路，李煜很高兴，把他留下来，恢复他的职位。不久，众妓女又渐渐回来了，李煜说：

“我真是无可奈何啊！”这一年，韩熙载死了，李煜感叹地说：“吾始终不得让韩熙载为宰相啊。”他想以平章事追赠，问前代可有这样的事例？群臣答道：“以前刘穆之曾追赠开府仪同三司。”遂追赠韩熙载为平章事。韩熙载，是北海武将之家的孩子，初时和李谷相友善。后唐明宗时，韩熙载南奔吴地，李谷送他到正阳，酒酣话别，韩熙载对李谷说：“江左倘若任用我为宰相，我一定长驱北上，以平定中原。”李谷说：“中原倘若用我为宰相，我直取江南，就像探囊取物而已。”及至周朝之师南征淮河一带，任命李谷为将，率军以攻取淮南，而韩熙载却不能有所作为。

开宝四年，李煜派他弟弟韩王李从善入朝宋京，李从善被扣留不让回去。李煜亲手写信求宋朝让他弟弟从善回南唐，宋太祖还是不允许他回去。李煜因为国家日益困窘而怏怏不乐，满怀忧愁，成天和臣下饮酒，愁思悲歌，不能自已。

开宝五年，李煜下令贬损国家制度的规格，下书称为“教”，改中书、门下省为左、右内史府，尚书省为司会府，御史台为司宪府，翰林院为文馆，枢密院为光政院，诸王为国公，以尊于宋朝。李煜性骄矜奢侈，喜爱声色，又喜奉佛教，爱高谈阔论，不理政事。

开宝六年，内史舍人潘佑上书进谏，李煜把他抓起来，投入狱中。潘佑自缢身死。

开宝七年，宋太祖派使者持诏书宣李煜赴宋京，李煜推托有病，不肯入宋京。宋朝大军南征，李煜派徐铉、周惟简等人奉表向宋朝请求暂缓军事进攻，宋太祖不答复，开宝八年十二月，宋师攻克金陵。开宝九年，李煜被俘至宋京，宋太祖赦免他，封他为“违命侯”，官拜左千牛卫将军，后被毒死。

宋 史

《宋史》概论

《宋史》共四百九十六卷，包括本纪四十七卷，志一百六十二卷，表二十二卷，列传二百五十五卷，约五百万字，是正史中卷帙最为浩繁的一部官修史书。

一

设局辟官修撰前代史著是中国古代史学的传统。元朝统一中国后，曾努力笼络吸收汉族、契丹族的知识分子为其政权服务，汉族王朝的历史和文化受到元朝统治者的高度重视。元朝议修前代历史，始于至元年间(1264—1294)，灭亡南宋之前，当时有儒臣上奏请求纂修辽、金三史，获朝廷允准，灭亡南宋后，元世祖忽必烈命令臣僚撰修宋、辽、金三史。但半个多世纪过去了，始终没有结果。其中重要原因就是对“三史”体例问题看法不一，争执不休。一种意见认为，宋为正统，辽、金为割据，三史的编纂取《晋书》体例，把西晋、东晋列入本纪，而把外族建立的赵、燕、秦等政权列入载记，不以正统看待。另一种意见认为，辽自唐末占据北方，与五代、北宋相次而终，当为北史；宋继周统，重新统一南方，至靖康之变，当为宋；金破辽灭宋，占有中原一百多年，当为北史；建炎以后，中国非宋所有，当为南史。

元代中期，李孟曾请求纂修宋史，袁桷在呈给翰林国史院《修辽金宋史搜访遗书条例事状》中说，先朝圣训，屡命史臣修撰辽、金、宋史，可惜都因循未就。此后，延祐（1314～1320）、天历（1328～1330）年间又二次议修三史未成。修纂三史工作一再迁延未就，引起不少儒臣的非议。三史成功地修撰的转机出现在顺帝时期。至正三年（1343），元顺帝下诏修辽、金、宋三史，当时脱脱主持修史，断然决定辽、金、宋都为正统，设局修三史。脱脱为都总裁，中书平章政事铁木儿塔识、中书右丞贺惟一（后改名太平）、御史中丞张起岩、翰林学士欧阳玄、侍御史吕思诚、翰林侍学士揭徯斯为总裁，负责编纂事宜。都总裁、总裁之下，选择文臣担任史官，在翰林国史院分史置局，设立了辽史、金史、宋史三局，三史同时修撰。

《宋史》修撰的组织领导、正统问题确定之后，又解决了修史的经费问题，于是从至正三年四月开始正式编纂。由于有旧史作基础，经过编纂人员的努力，历时两年半修成。元朝仿效宋制，用宰相兼领史事。都总裁官脱脱在《辽史》修成后辞去右丞相之职，由阿鲁图继任，所以《宋史》修成后由阿鲁图领衔进呈。其实在《宋史》修撰中起主要作用的是都总裁、总裁和《宋史》局的史官。

脱脱（1314～1356）以中书右丞相的身份兼都总裁，他实行的重用儒臣等“更化”政策，为《宋史》的编撰创造了必要的外部条件。在此之前，三史的体例尤其是谁为正统的问题严重阻碍着三史的修撰，在众说纷纭、久而不决的情况下，脱脱断然决定“三国各与正统，各系其年号”，从而平息了长期以来得不到解决的体例问题，使三史得以顺利修撰，并确定了平等对待辽、金、宋三史的准则。作为三史都总裁，他又组织了修史班子，解决了修史所需浩繁经费。在修撰中许多是非问题也由脱脱裁定。《修三史诏》说“纂修期间，予夺议论，不无公私偏正，必须交总裁官质正是非，裁决可否”。总之脱脱为《宋史》修撰作出了重要贡献。

《宋史》全书出于各位总裁官和《宋史》局史官之手。三史总裁官系挑选有威望、有史才的人担任。史官则在有文学才能、道德修养高的人中选择。《宋史》的编写，大体上是由史官撰成初稿，然后进呈总裁，由总裁笔削裁定。总裁官揭傒斯、张起岩、欧阳玄在修纂《宋史》中起了主要作用。除上述诸人外，参与修纂《宋史》的史官有斡玉伦徒、泰不华、干文传、贡师道、余阙、贾鲁、危素等二十三人。

二

《宋史》叙事始于赵匡胤称帝，终于元军攻破崖山（今广东新会南），陆秀夫背着帝昺投海，记载了有宋一代三百二十年的历史。宋朝的历史在中国古代史上占有重要地位，它与汉、唐合称“后三代”，承汉唐之制而有进一步的发展，并开启明清乃至近代社会历史变化的端倪，显现出中国封建社会历史转折的新特点。宋代的农业、手工业和商业都比唐代有了进一步的发展，经济重心南移宣告完成。记录这一时期的史料较多，但又专制主义中央集权集前代之大都有所偏重或侧重，或者是在典章制度，或者是在北宋历史，或者是在南宋历史，或者是在民族关系方面。全面、系统地反映宋朝历史的基本史籍当首推《宋史》。

《宋史》编撰体例完备，融会贯通地采取了元朝以前所有纪传体史书的体例，纪、志、表、传一应俱全，保存了大量的丰富史料。《宋史》列传记有二千多人；《宋史》食货志共十四卷；兵志十二卷；《宋史》礼志共二十八卷，是整个二十五史礼志的一半。《宋史》一书是在前人撰修的史籍的基础上加工而成的，充分利用了宋人所修诸史，主要是国史、实录和日历等史籍的成果。整个宋代，政府十分重视当代史的编修工作，与前代比较起来，史馆组织更趋严密，修史制度更加健全。在学者士大夫当中，编写当代史和记述当代史实也十分普遍，形成风气。当时印刷术普遍推广，雕版印刷使得书籍广泛流传，遗留下来的史籍，远远地超过了唐代。

《宋史》虽修于元朝末年，但其主要材料是宋代的国史、实录、日历书籍。这些史籍现在几乎全部失传了，别的史籍虽然也有征引，但与《宋史》相比，取舍、详略各有不同；即使相同的部分，也可以参互考校。这是《宋史》的史料价值，也是它能存在下去的主要原因。

《宋史》在史料处理上，以《春秋》的编纂法则，疑事传疑，信事传信，不随己意妄加篡改，从而在很大程度上保证了原始史料的真实性。

《宋史》卷帙浩繁，修成之后遭到许多批评和非议。其突出的问题一是遗漏较多，二是繁杂芜秽，三是编次错讹。如卷三百五十七已有李熙靖，卷四百五十三又有李熙靖，查其事迹，实系一人，并非偶同姓名者，这就是人们批评的一人两传。传与传，表与传，纪与传，传文与传论之间互相矛盾，如《陈宜中传》说尹玉等皆战死，张全不发一矢；《尹玉传》则称张全等抗战军败。《宋史》前后详略不一，北宋的历史讲得很完备，因为有王称《东都事略》和李焘《续资治通鉴长编》作为参考，南宋高宗、孝宗、光宗、宁宗四朝的历史也写得较好。但南宋中叶以后，记载得过于简略。

由于《宋史》存在不少问题，从明代以来许多人着手重修宋史。如明柯维琪的《宋史类编》、王维俭的《宋史记》，等等。这些重之书，都只能作为《宋史》的补充，而直到现在，后修的许多宋史没有一部能取代它的地位，顾炎武、朱彝尊这些大家想重修而终于没有结果，都不是偶然的。《宋史》史料价值和历史地位仍

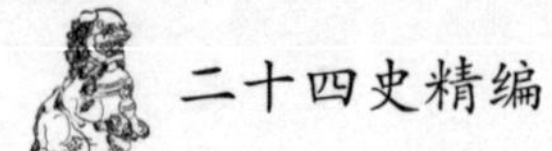

然高于所有的改写之作，由于《宋史》的自身价值，使得它无可动摇地成为宋朝的基本史料书。

为了纠正《宋史》上的一些错误，有不少考证文章，如邓广铭《宋史职官志考证》、《宋史刑法志考证》，纠正了很多错误；聂崇岐《宋史丛考》对本纪与地理志的错误进行了纠正。

自元代以来，《宋史》曾多次刊刻。主要版本有元至正六年（1346）杭州路刊本，明成化十六年（1480）朱英在广州的刊本，明嘉靖南京国子监本，明万历北京国子监本，清乾隆四年武英殿本，清光绪元年浙江书局本，1934年上海商务印书馆百衲本，中华书局标点本。中华书局标点本是目前最好的版本。但这个版本仍有一些错误，还不能完全取代以前的版本。

三

《宋史》篇幅大，内容多，通读不是一件很容易的事。而就对后人的启示和教益而言，纪和传则是主要的。

《宋史》本纪共四十七卷，记十六帝（内含宋末二王）。本纪按传统体例，逐年记载每一代皇帝在位时期的军国大事，同时对全书志、表、传起到一个总纲作用。本纪在每一个皇帝后，例有一赞，表达元朝史臣的史观。本纪的书法依据《史记》、《汉书》和《新唐书》。本纪中北宋九朝不载诏令原文，只记大事，南宋部分间有载诏令者，可能没有强求一律的。本纪以宋为正统，系宋年号。辽、金诸国称号，用《南史》、《北史》例，一视同仁，平等对待。文字繁简适宜。通过对本纪的了解，可以基本掌握宋代历史发展的大致脉络。

《宋史》列传的编撰原则是，人臣有大功者，虽父子各自列传。其余以类相从，或数人共一传。共分为二十二类，二百五十五卷，总共为近三千人立传，卷数与篇幅均占全书一半以上。计有后妃列传二卷，宗室列传四卷，公主列传一卷，群臣列传一百七十七卷，循吏列传一卷，道学列传四卷，儒林列传八卷，文苑列传七卷，忠义列传十卷，孝义列传一卷，隐逸列传三卷，列女列传一卷，方技列传二卷，外戚列传三卷，宦者列传四卷，佞幸列传一卷，奸臣列传四卷，叛臣列传三卷，世家列传六卷，周三臣列传一卷，外国列传八卷，蛮夷列传四卷。《宋史》列传分类很有条理。所传各人不仅按后妃、宗室、群臣等名目分类，每一类中各人也以类相从。如《道学传》将程氏门人归入一卷，朱氏门人归入另一卷。列传中《外国》和《蛮夷》分为两类，开国内、国外分别叙述之先河。又创设《道学传》，将道学、儒林分为二类，也是前代所没有的。列传特设立《世家》一类，记载有关割据政权的历史。所立《周三臣传》，用来弥补新旧《五代史》之缺，记载拥周反宋的韩通、李筠和李重进三人事迹。

历史活动的主体是人，历史铸就了人，人也可以改变历史。人物的言行可以让人们去了解分析历史，也可以启发人们思考现在和未来。宋代出现过许多优秀的政治家、思想家、文学艺术家、科学家，是一个人才辈出的伟大时代。他们的言行、喜怒哀乐、坎坷人生、悲欢离合，一直到现在仍然出现在戏剧舞台上和文艺形式中。

《宋史》创立《道学传》。《道学列传》卷一记北宋五子，即周敦颐、程颢、程颐、张载、邵雍的言行。卷四记二程门人刘绚、李吁、谢良佐、游酢、张绎、苏昞、尹栟、杨时、罗从彦、李侗的言行，卷三记朱熹、张胱的言行。卷四记朱熹门人黄干、李燔、张洽、陈淳、李方子、黄灏的言论。传文展示了宋代程朱理学在道统传承中的轨迹及其历史地位，尤其是高扬了集理学之大成的朱熹。非程朱嫡传，以及以陆九渊为代表的心学一派不予立传，显示了浓厚的宗派色彩。

《宋史》尊崇理学，以朱熹为宗。参加编撰《宋史》的史官中，不少人就是程朱理学的崇拜者，加上元建国后，元统治者对理学和朱熹的抬高，以朱子学说定为国是，曲学异端全部罢除，理学思想和学说理所当然地成为《宋史》编撰的指导思想，全书所述事件曲直、制度优劣、人品优劣，都以理学为标准进行判定，“大旨以表章道学为宗，余事皆不甚措意”。

理学实际分为两大流派，一是朱熹的客观唯心主义理学，一是陆九渊的主观唯心主义心学。陆九渊思考问题的出发点不同于朱熹，朱熹以“理”为本体，更多地突出超感性现实的先验规范。陆九渊则以“心”为本体，强调理就存在于人的心中，或者说世界本原之理与人心之理是相通、相同的。在了解了北宋五子和朱熹后，不妨拿陆九渊与之进一步比较。

赵普等是宋朝开国时期著名人物，他们的升降沉浮与宋王朝的政治制度、皇位的接替、民族关系的处理直接相关，这些文臣武将抱着忠于宋朝的信念，为宋初四十年的励精图治作出了重要贡献。

北宋的杨家将和南宋的岳家军同样有名，根据其人其事演绎的历史故事更是家喻户晓。杨业及其后代高举抗辽大旗，殒命沙场，为国捐躯，这一可歌可泣的英雄行为震动了一代又一代人的心灵。岳飞精忠报国的义举更成为历代仁人志士的楷模，他死于“莫须有”的罪名铸成了人们爱憎的铁壁铜墙。

说到包拯和寇准，人们都不会陌生。包青天、黑脸包公的形象成为人们表达自己意愿的化身，人们希望有更多铁面无私、清正廉洁的“包公”为民作主，鸣冤叫屈，伸张正义。历史上的包公是怎样的呢？《包拯传》中有一个大略的介绍。寇准一生正直，仕途坎坷，可他从没失去作人的尊严，他的人格形象为后世许多士大夫所景仰和追求。

范仲淹、欧阳修、苏轼、陆游等人是宋代文学史上的巨人。范仲淹一句“先天下之忧而忧，后天下之乐而乐”，喊出了封建社会士大夫对社会对民族对国家的责任感，他领导的“庆历新政”虽然仅是昙花一现，但它成了王安石变法的先导。欧阳修、苏轼对中国文学的发展和积累，贡献了极大一笔财富。他们在社会政治生活中不人云亦云，表现了不卑不亢的品质。苏轼一生命运多舛，坎坷不平，对王安石变法和后来的司马光“元拉更化”都持谨慎态度，正是由于这一点，他几度升沉，其命运紧紧与北宋中后期政治相关联。陆游作为爱国诗人，值得人们去品味。

两宋之际是宋代历史上的最黑暗时期，在这个时期出现了童贯、蔡京、秦桧等人。他们得到昏庸皇帝的宠信，一生作恶多端，危害国家，危害人民，通过阅读他们的传记，还可以认识到这些作恶者终究没有好下场。

政　略

太祖微访

太祖数微行[①]过[②]功臣家，普[③]每退朝，不敢便[④]衣冠。一日，大雪向[⑤]夜，普意[⑥]帝不出。久之，闻叩门声，普亟出，帝立风雪中，普惶惧迎拜。帝曰：“已约晋王矣。”已而太宗至，设重裀[⑦]地坐堂中，炽炭烧肉。普妻行酒，帝以嫂呼之。因与普计下太原。普曰：“太原当[⑧]西北二面，太原既下，则我独当之，不知姑俟[⑨]削平诸国，则弹丸黑子[⑩]之地，将安逃乎？”帝笑曰：“吾意正如此，特试卿尔。”

（《宋史·赵普传》）

【注释】

①微行：微服出行。即身著便装外出，不使人知其真实身份。②过：访问。③普：赵普（公元962—992年），字则平，

河南洛阳人。宋初曾任枢密使，宰相等职。④便：动词，穿戴便衣便帽。⑤向：接近。⑥意：估计。⑦裀（yīn）：垫子或褥子。⑧当（dāng）：抵挡。⑨姑俟（sì）：姑，姑且。俟，等待。⑩弹丸黑子：形容地方狭小。

【译文】

宋太祖多次微服出行访问功臣之家，所以，赵普每次退朝回家后，不敢马上换上便衣便帽。一天，大雪一直下到半夜，赵普想皇上不会外出了。过了很久，听到敲门声，赵普急忙出门探看，只见皇上站在风雪之中。赵普惶恐不安地上前跪拜迎接。太祖说："我已经约了晋王到你这儿来。"不一会儿，太宗也到了。于是他们铺起厚厚的垫褥，在厅堂中就地坐了下来。燃起薪炭，烧起肉来。赵普的妻子给他们酌酒助兴，皇上称他为"嫂子"。宋太祖便同赵普商议攻伐太原的大计。赵普说："太原挡住西北两面。如果太原攻了下来，那西北两面之敌势必由我们独挡。不如暂等一下，先调兵去削平南方各国。各国削平了，那么太原这个弹丸之地，会逃脱覆灭的命运吗？"太祖笑道："我的意思正是这样，刚才不过试探你一下。"

杯酒释兵权

乾德初，帝因晚朝与守信等饮酒，酒酣，帝曰：

“我非尔曹[①]不及此，然吾为天子，殊不若为节度使之乐，吾终夕未尝安枕而卧。”守信等顿首曰：“今天命已定，谁复敢有异心，陛下何为出此言耶?”帝曰：“人孰[②]不欲富贵，一旦有以黄袍加汝之身，虽欲不为，其可得乎。”守信等谢曰：“臣愚不及此，惟陛下哀矜[③]之。”帝曰：“人生驹过隙[④]尔，不如多积金、市[⑤]田宅以遗子孙，歌儿舞女以终天年。君臣之间无所猜嫌，不亦善乎。”守信谢曰：“陛下念及此，所谓生死而肉骨[⑥]也。”明日，皆称病，乞解兵权，帝从之，皆以散官[⑦]就第，赏赉[⑧]甚厚。

（《宋史·石守信传》）

【注释】

①尔曹：你们。②孰：谁；哪个。③哀矜（jīn）：同情；怜悯。④驹过隙：比喻光阴迅速。⑤市：买。⑥生死而肉骨："生"，"肉"都是使动用法。生死，使死者复生。肉骨，使白骨长肉。形容恩惠深厚。⑦散官：指有官名而无固定职事的官。⑧赉（lài）：赐给。

【译文】

乾德初年，太祖趁晚朝的时候与石守信等一起钦酒。酒喝得正畅快的时候，太祖开口说道："要不是你们大力相助，绝不会有今天，但我作了天子，总觉得远不如作节度使时快乐，整夜地不曾落枕睡过安稳觉。"石守信等人磕头说："现在天命已定，哪个还敢存有二心？不知陛下为什么说出这种话来？"太祖说："哪个人不图富贵？一旦有人把黄袍加在你们身上，到那时即使你不想作天子，又怎么可能脱身呢？"石守信等人谢罪说："我们太愚笨了，连这都想不到，希望陛下可怜可怜我们吧！"太祖说："人生在世，好像骏马掠过细缝一般快得很啊！不如多多积聚些金银，购置田产房屋留给子孙，多养些歌儿舞女，来度过一生。这样一来，君臣之间就不会有什么猜疑了，这不是也很好吗？"石守信感激地说道："陛下替我们想到了这一点，真是使死者复生、白骨长肉啊。"次日，石守信等都托言有病，乞求解除兵权，太祖给予准允，都让他们以散官的身份回家养老，给他们的赏赐也特别优厚。

半部《论语》治天下

初，太祖侧微[①]，普[②]从之游，既有天下，普屡以微时所不足者言之。太祖豁达，谓普曰："若尘埃中可识天子。宰相，则人皆物色之矣。"自是不复言。普少习吏事，寡学术，及为相，太祖常劝以读书。晚年手不释[③]卷，每归私第，阖[④]户启箧[⑤]取书，读之竟日[⑥]。及次日临政，处决如流。既薨，家人发箧视之，则《论语》二十篇也。

（《宋史·赵普传》）

【注释】

①侧微：地位微贱。②普：赵普，宋太祖赵匡胤的宰相。③释：放下。④阖（hé）：关闭。⑤启箧（qiè）：启，开。箧，箱子。⑥竟日：终日。

【译文】

当初，宋太祖赵匡胤地位微贱，赵普常跟他来往交游。宋太祖做了皇帝后，赵普屡屡把他微贱时的短处和缺点来说他。宋太祖心胸豁达却不见怪，他对赵普说："如果在低微卑贱的芸芸众生中能识出天子，那么，宰相的重位就人人都会去物色谋求了。"自此以后，赵普再不敢说宋太祖的不是了。赵普做过小吏，没有读什么书，等到做宋太祖的宰相时，宋太祖常常劝他读点书。赵普晚年时喜好读书，常常手不释卷，每次回到家里，就关上门，打开箱子拿书看，常常孜孜不倦，读书终日。到第二天处理政事时就像流水一般，有条有理，顺畅迅速。赵普死后，家里人打开他的箱子来看，只有二十篇章节的《论语》。

吕蒙正劝主荐人

尝灯夕[①]设宴，蒙正侍[②]，上语之曰："五代之际，生灵凋丧[③]，周太祖自邺南归，士庶皆罹剽掠[④]，下则火灾，上则彗孛[⑤]，观者恐惧，当时谓无复太平之日矣。朕躬览庶政[⑥]，万事粗理，每念上天之贶[⑦]，致此繁盛[⑧]，乃知理乱在人。"蒙正避席[⑨]曰："乘舆[⑩]所在，士庶走集[⑪]，故繁盛如此。臣尝见都城外不数里，饥寒而死者甚众，不必尽然。愿陛下视近以及远，苍生之幸也。"上变色不言。蒙正侃然[⑫]复位，同列多其直谅[⑬]。

上尝欲遣人使朔方[⑭]，谕中书选才而可责以事者，蒙正退以名上，上不许。他日，三问，三以其人对。上曰："卿何执[⑮]耶？"蒙正曰："臣非执，盖[⑯]陛下未谅尔。"固称："其人可使，余人不及。臣不欲用媚道[⑰]妄随人主[⑱]意，以害国事。"同列悚息[⑲]不敢动。上退谓左右曰："蒙正气量，我不如。"既而[⑳]卒[㉑]用蒙正所荐，果称职。

（《宋史·吕蒙正传》）

【注释】

①灯夕：上元节，即元宵节。②侍：在旁边陪着，这时吕

蒙正正作相。③生灵凋丧：老百姓损伤死亡。④“士庶”句：士庶，指一般民众。罹剽掠，遭到抢劫掠夺。⑤彗孛（bèi）：指光芒四射的彗星，亦指扫帚星。⑥躬览庶政：亲自阅览各种政令。⑦贶（kuàng）：赏赐。⑧繁盛：意谓繁荣昌盛。⑨避席：退出席位。⑩乘舆：皇帝的车驾。这里作皇帝的代称。⑪走集：奔向聚集。⑫侃然：刚毅正直的样子。⑬“同列”句：同列，指在座的同僚。多，称赞。直谅，正直诚实。谅，真实可信。⑭朔方：北方。⑮执：固执。⑯盖：表原因的连词。⑰媚道：谄媚的方法。⑱人主：皇上。⑲悚（sǒng）息：悚，恐惧。息，喘息。⑳既而：不久。㉑卒：终于。

【译文】

朝廷在上元节设宴，吕蒙正在旁边陪侍太宗。宋太宗告诉他说：“在五代交接的时候，百姓大量伤亡，周太祖从邺都南返时，士人和百姓都遭到劫夺，地上发生火灾，天上彗星扫过，看到这种情景的人都十分恐慌，当时认为再不会有太平的日子了。我继位以来，亲自阅览各种政令，万事大致得到治理，常常思念上天的赐予，现在呈现一派如此繁荣景象，才知道治与乱都在人为。”吕蒙正听后，退出席位说：“这里是帝王所在，民众便奔向这里来，所以才有如此的繁盛。我曾看见京城外没有几里路远的地方，饥寒而死的人非常多，这不一定是问题的全部。愿陛下看到近处想到远处。乃是老百姓的大幸啊。”大

家听后一下变了脸色，不再说话了。吕蒙正说罢，刚毅正直的回到自己的座位。对这件事同僚都称赞他正直诚实。

宋太宗曾经打算派人出使北方，下诏通知中书省要选取有才干而又能完成任务的人，吕蒙正退出班列，呈上他选定的人名，但太宗不同意派这个人出使。此后，太宗又三次问起这件事，吕蒙正三次都以原来那个人作答。太宗说："你为什么这样固执呢?"吕蒙正说："不是我固执，而是您不相信别人。"仍然坚持说："那个人可以出使，其余的人比不上他。我不想讨好陛下，盲目地附和皇上的旨意，以使国家利益受到损害。"朝中的同事听后，惶恐屏气，不敢妄动。太宗退朝以后对身旁的侍臣说："蒙正的气量，我不如。"不久，终于任命了吕蒙正所推荐的那个人，那人也果然称职，出色地完成了任务。

赵普荐贤

普[①]性深沉有岸谷[②]，虽多忌克[③]，而能以天下事为己任。宋初，在相位者多龌龊循默[④]，普刚毅果断，未有其比。尝奏荐某人为某官，太祖不用。普明日复奏其人，亦不用。明日，普又以其人奏，太祖怒，破裂奏牍[⑤]掷地，普颜色不变，跪而拾之以归。他日补缀[⑥]旧纸，复奏如初。太祖乃悟，卒[⑦]用其人。又有群臣当迁官，太祖素恶其人，不与[8]。普坚以为请，太祖怒曰："朕固不为迁官，卿若之何?"普曰："刑以惩恶，赏以酬功，古今通道也。且刑赏天下之刑赏，非陛下之刑赏，岂得以喜怒专之。"太祖怒甚，起，普亦随之。太祖入宫，普立于宫门，久之不去，竟得俞允[9]。

（《宋史·赵普传》）

【注释】

①普：即赵普，北宋大臣。②岸谷：比喻变化无常，莫测高深。③忌克：谓忌人之能，想出人头地。④龌龊循默：龌龊（wò chuò），拘于小节。循默，因循守旧，寡言少语。⑤奏牍（dú）：指臣子向君王上奏的文书，即奏章。⑥缀（zhuì）：缝补。⑦卒：终于。⑧与：赞同。⑨俞允：同意。

【译文】

赵普性格深沉，变化莫测，虽然常常妒嫉刻薄别人，但是能够以天下为己任。宋朝初年，当宰相的人大多缺乏魄力，总是不多言语，而赵普刚毅果断，没人能与他相比。赵普曾经上奏举荐某人做某官，太祖不肯任用。第二天，他还是推荐这个人，太祖仍然不肯录用。第三天，赵普仍然上奏推荐那个人，太祖发怒了，把奏文撕得粉碎，扔在地上。赵普脸色不变，跪下将碎纸一片片地捡起来，带了回去。过了几天，他把撕碎的

奏章补贴好，再次像以前那样上奏，太祖省悟，终于任用了那个人。又一次，有一个大臣应当升迁，可是太祖素来讨厌他，不予提升。赵普坚持自己的意见，为他请求。宋太祖发怒地说：“我就是不给他升官，看你怎么办？”赵普说：“刑罚用来惩处邪恶，奖赏用来酬报功劳，这是古往今来都公认的通理。况且，刑赏是天下人的刑赏，不是陛下一人的刑赏，怎么能够凭您个人的喜怒而独断专行呢？”宋太祖更生气，站起身来走了，赵普仍紧跟其后。太祖进了内宫，赵普则站在宫门口等候，久久不去，直到得到了太祖的允诺。

御 人

吕端大事不糊涂

赵普在中书[①]，尝曰：“吾观吕公奏事，得嘉赏未尝喜，遇挫折未尝惧，亦不形于言，真台辅[②]之器也。”……太宗即以端为左谏议大夫。……后欲相[③]端，或曰：“端为人糊涂。”太宗曰：“端小事糊涂，大事不糊涂。”决意相之。

（《宋史·吕端传》）

【注释】

①中书：官署名，即中书省。②台辅：指三公宰相之位。③相：以……为相。

【译文】

赵普主持中书省时曾说：“依我所见，吕公奏事，受到嘉奖未曾高兴，遇到挫折不畏惧，也不在言语上表露出来，这真是宰相的器度啊。”……宋太宗就任命吕端为左谏议大夫。……后来宋太宗想任命吕端为宰相，有人说：“吕端为人糊涂。”太宗说：“吕端小事糊涂，大事不糊涂。”下决心任命他为宰相。

寇准选贤

（寇）准在相位，用人不以次[①]，同列颇不悦。它日，又除[②]官，同列因官吏持例簿[③]以进。准曰：“宰相所以进贤退不肖[④]也，若用例，一吏职尔。”

（《宋史·寇准传》）

【注释】

①以次：按等级顺序。②除：授。③例薄：此指有关官员任免方面的法规、文书。④肖：贤。

【译文】

寇准出任宰相时，任命官员从不论资排辈，朝廷的同事对此意见很大。有一天，又要提升任命官员了，同事便让一小官员抱着条例本献给寇准。寇准说：“宰相的职责就是选贤任能，驱除那些无才无德的人，如果只按条例办事，那一个小官吏就可完成任务了。”

绍兴议和

（绍兴十一年）冬十月丙寅朔，金人陷泗州[①]，遂陷楚州[②]。……戊辰，杨政及金人战于宝鸡县，败之，禽通检孛堇。……壬午，遣魏良臣、王公亮为金国禀议使。……是月，金人陷濠州[③]，邵隆复陕州[④]。

十一月……辛丑，兀术遣审议使萧毅、邢具瞻与魏良臣等偕来。……壬子，萧毅等入见，始定议和盟誓。乙卯，以何铸签书枢密院事，充金国报谢进誓表使。……是月，与金国和议成，立盟书，约以淮水中流画疆，割唐、邓二州畀之，岁奉银二十五万两、绢二十五万匹，休兵息民，各守境土。诏川、陕宣抚司毋出兵生事，招纳叛亡。

（《宋史·高宗本纪》）

【注释】

①泗州：州名，治所在今江苏盱眙。②楚州：州名，治所在今江苏淮安县。③濠州：州名，治所在今安徽凤阳临淮关西。④陕州：州名，治所于今河南三门峡西。

【译文】

高宗绍兴十一年冬十月丙寅朔日，金军攻陷泗州城，又占领楚州。……戊辰日，杨政和金国军队在宝鸡展开了战斗，击败了金军，抓获金国通检孛堇。……壬午日，宋派遣魏良臣、王公亮为出使金国的禀议使。……在这个月里，金人攻陷了濠州，邵隆收复了陕州。

十一月……辛丑日，兀术派遣审议使萧毅、邢具瞻与魏良臣等一起来到宋朝。……壬子日，萧毅等人入见高宗，开始议定订立盟约之誓。乙卯日，委派何铸管理枢密院事，充当到金国送报谢进誓表使。……本月，与金国议和取得成功，订立盟书，双方相约以淮河中流为疆界，割让唐、邓二个州给金国，每年向金呈奉银 25 万两、绢 25 万匹，停止用兵，让人民生息，双方各守自己的疆土。下诏到川、陕宣抚司，不要出兵滋事生非，招纳叛亡。

澶渊之盟

（景德元年十一月）已未，遣使安抚河东诸州。契丹[①]逼冀州，知州王屿击走之。……庚午，车驾北巡。司天[②]言：日抱珥，黄气充塞，宜不战而却。癸酉，驻跸[③]韦城县。甲戌，寒甚，左右进貂帽毳裘，却之曰：

"臣下皆苦寒，朕安用此。"王继忠数驰奏请和，帝谓宰相曰："继忠言契丹请和，虽许之，然河冰已合，且其情多诈，不可不为之备。"契丹兵至澶州[④]北，直犯前军西阵，其大帅挞览耀兵出阵，俄中伏弩死。丙子，帝次澶州。渡河，幸北砦[⑤]，御城北楼，召诸将抚慰。郓州[⑥]得契丹谍者，斩之。戊寅，曹利用使契丹还。

十二月庚辰朔，日有食之。契丹使韩杞来讲和。辛巳，遣使安抚河北、京东。……又幸李继隆营，命从官将校饮，犒赐诸军有差。诏谕两京以将班师。甲申，契丹使姚东之来献御衣食物。乙酉，御行营南楼观河，遂宴从官及契丹使。丙戌，遣使抚谕怀、孟、泽、潞、郑、滑等州，放强壮归农。遣监西京[⑦]左藏库李继昌使契丹定和，戒诸将勿出兵邀其归路。……甲午，车驾发澶州，大寒，赐道傍贫民襦袴[⑧]。乙未，契丹使丁振以誓书来。丁酉，契丹兵出塞。戊戌，至自澶州。……辛丑，录契丹誓书颁河北、河东诸州。

（《宋史·真宗本纪》）

【注释】

①"契丹"：契丹，古族名、古国名，源于东湖。北魏以来，在今辽河上游一带游牧。唐末，建辽朝，与五代、北宋并

立，公元1125年被金朝所灭。②司天：观察天象。③跸（bì）：帝王的车驾。④澶州：州名，亦名澶渊郡，唐时治所在今河南清丰西，五代、宋移到今河南濮阳。⑤砦："寨"的异体字。⑥郓（yùn）州：州名。宋时治所在今山东东平，辖今山东荷泽地区东北一带。⑦西京：五代晋天福三年（公元938年）自东都河南府迁都汴州，以汴州为东京开封府，政东都河南府为西京，北宋沿此不改。⑧襦袴（rúkù）：衣物。襦，短袄。袴，同"裤"。

【译文】

宋真宗景德元年十一月已未日，真宗派遣使臣安抚河东各州官民。契丹军队逼进冀州，知州官王屿率领宋军将其击退。……庚午日，皇帝御驾到北部巡视。司天说：太阳环绕光晕，其中充满黄色的气，应当不发生战斗而退却。癸酉日，帝王的车驾留驻在韦城县。甲戌日，天气寒冷，左右大臣向皇帝进献貂帽毳裘之类的衣物，真宗推却说："各位大臣都寒冷不堪，我怎么能心安理得地穿这些东西呢。"王继忠多次上奏请求和契丹议和，真宗对宰相寇准说："王继忠说契丹请求和议，纵然是同意了，但是黄河已经封冻，契丹人性情又多狡诈，我们不能不作些准备。"契丹军队到达澶州城的北边，直接进犯宋前军的西面阵营，契丹军大帅挞览亮出兵器出阵作战，身中箭弩而亡。丙子日，真宗皇帝幸驻澶州城。然后渡过黄河，驻停在北边的寨子，亲自登上城的北楼，在那里召集各位将领，对他们进行安抚和慰问。郓州的宋军抓获到契丹的间谍，将他斩杀。戊寅日，曹利用出使契丹国后归还宋朝。

十二月初一，有日食发生。契丹国派遣韩杞来到宋廷讲和。辛巳日，真宗派使者前往安抚河北、京东等地方。……皇帝又到达李继隆的军营，命令随从官员和诸军将校合聚饮酒，对诸军进行了不同程度的赏赐。下诏两京的将领调回出征的军队。甲申日，契丹派遣姚东之出使宋朝并进献皇帝所用的衣食之物。乙酉日，真宗到行营南楼看观黄河，于是就设宴款待随从的官员和契丹的使臣。丙戌日，派遣使臣安抚晓谕怀、孟、泽、潞、郑、滑等州的官民，将军中强壮的男丁放回务农。派遣监察西京左藏库的李继昌出使契丹议定和解，告戒诸位将领不要出兵拦击他的归路。……甲午日，皇帝的车驾从澶州出发返回京师，天气十分寒冷，赐给沿途各地贫民百姓袄裤。乙未日，契丹派丁振把宋契两国的和约送来。丁酉日，契丹军队北还，出塞而去。戊戌日，到达澶州。……辛丑日，抄录契丹所立和约颁发河北、河东各州。

法 制

吕蒙正不受朝士所献古镜

朝士[①]有藏古镜者，自言能照二百里，欲献之蒙正以求知[②]。蒙正笑曰："吾面不过楪[③]子大，安用照二百里哉?"闻者叹服。

（《宋史·吕蒙正传》）

【注释】

①朝士：指朝廷的臣僚。②知：结交、友善之意。③楪(dié)：同"碟"，盛食物的小盘子。

【译文】

朝中有个官员珍藏了一面古镜，自称这个镜子能照 200 里，想赠给吕蒙正，以求得与他交好。吕蒙正笑着说："我的脸面不过一面碟子那么大，哪里用得着能照 200 里的镜子呢?"闻知这件事的人对他赞叹不已。

吕蒙正受诬不辩

蒙正初为相时，张绅[①]知[②]蔡州[③]，坐[④]赃免。或言于上[⑤]曰："绅家富，不至此，特蒙正贫时勾索[⑥]不如意，今报之尔[⑦]。"上命即复绅官，蒙正不辩。后考课院[⑧]得绅实状，复黜[⑨]为绛州[⑩]团练副使。及蒙正再入相，太宗谓曰："张绅果有赃。"蒙正不辩亦不谢[⑪]。

（《宋史·吕蒙正传》）

【注释】

①张绅：生平不详。②知：任知府。③蔡州：隋大业初改溱州置，治所在今河南省汝南县。④坐：获罪。⑤上：即宋太宗。⑥勾索：勾取勒索。⑦尔：罢了。⑧考课院：考核官员政绩的政府机关。⑨黜（chù）：贬。⑩绛州：唐武德元年（公元618年）改绛郡为绛州，所辖在今山西新绛县一带。⑪谢：感谢。

【译文】

吕蒙正起初做宰相时，张绅任蔡州知府，由于犯贪污罪而免职。有人对皇上说："张绅家境富裕，不会贪污，只因吕蒙正贫困时向他勒索没有如愿，如今对他进行报复罢了。"皇上听了，命令马上将张绅官复原职，吕蒙正对此不作申辩。后来，

考课院获得张绅贪污的真凭实据，皇上又把张绅贬为绛州团练副使。直到吕蒙正再次入朝为相，太宗才对他说："张绅的确犯了贪污罪。"吕蒙正听了，还是不申辩，自己再度入主相府也不感激皇上。

包拯不持一砚归

端[①]土产砚，前守缘贡[②]，率取[③]数十倍以遗权贵。拯[④]命制者才足贡数，岁满不持一砚归。

（《宋史·包拯传》）

【注释】

①端：即端州，在今广东省高要县一带。②缘贡：趁着进贡的机会。③率取：率，大概。取，索取。④拯：即包拯，北宋大臣，字希仁，庐州合肥（今属安徽）人。天圣进士，仁宗时任监察御史、天章阁待制、龙图阁直士等职，官至枢密副使。

【译文】

端州甚产砚台。以往的太守经常借进贡之机，大都要索取多于贡品数十倍的端砚，去送给那些达官贵人。包拯在端州，却下令只造足够进贡数目的端砚。任期一年满后，他没有带回一方砚台。

军　事

岳飞脱颖而出

康王至相[①]，飞因刘浩见，命招贼吉倩，倩以众三百八十人降。补承信郎。以铁骑三百往李固渡尝敌[②]，败之。从浩解东京围，与敌相持于滑南，领百骑刀兵河上。敌猝至，飞麾其徒曰："敌虽至，未知吾虚实，当及其未定击之。"乃独驰迎敌。有枭将舞刀而前，飞斩之，敌大败。迁秉义郎，隶留守宗泽。战开德、曹州皆有功，泽大奇之，曰："尔勇智才艺，古良将不能过，然好野战[③]，非万全计。"因授以阵图。飞曰："阵而后战，兵法之常，运用之妙，存乎一心。"泽是其言。

康王即位，飞上书数千言，大略曰："陛下已登大宝，社稷有主，已足伐敌之谋，而勤王之师日集，彼方谓吾素弱，宜乘其怠击之。黄潜善、汪伯彦辈不能承圣意恢复，奉车驾日益南，恐不足系中原之望。臣愿陛下乘敌穴未固，亲率六军北渡，则将士作气，中原可复”。书闻，以越职夺官归。

诣河北招讨使张所，所待以国士，借补修武郎，充中军统领。所问曰：“汝能敌几何?”飞曰：“勇不足恃，用兵在先定谋，栾枝曳柴以败荆[④]，莫敖采樵以致绞[⑤]，皆谋定也。”所矍然[⑥]曰：“君殆非行伍中人。”飞因说之曰：“国家都汴，恃河北以为固。苟冯据要冲[⑦]，峙列重镇，一城受围，则诸城或挠[⑧]或救，金人不能窥河南，而京师根本之地固矣。招抚诚能提兵压境，飞唯命是从。”所大喜，借补武经郎。

命从王彦渡河，至新乡，金兵盛，彦不进。飞独引所部鏖战，夺其纛而舞，诸军争奋、遂拔新乡。翌日，战侯兆川[⑨]，身被十余创，士皆死战，又败之。夜屯石门山下，或传金兵复至，一军皆惊，飞坚卧不动，金兵卒不来。食尽，走彦壁[⑩]乞粮，彦不许。飞引兵益北，战于太行山，擒金将拓拔耶乌。居数日，复遇敌，飞单骑持丈八铁枪，刺杀黑风大王，敌众败走。飞自知与彦有隙，复归宗泽，为留守司统制。泽卒，杜充代之，飞居故职。

（《宋史·岳飞传》）

【注释】

①康王至相：指靖康元年，赵构被张浚陈说利害，取消了使金的打算，回到相州（今属河南）。②尝敌：试敌。作战前先以小部分部队试探敌军的力量。③野战：不按常规作战。④栾枝曳柴以败荆：栾枝，春秋时晋国人。荆，楚地，代指楚国。晋文公时，晋、楚两国交战，栾枝领兵击敌。阵势已成，栾枝令战士曳柴，假装逃跑的样子。楚军拼命追赶，晋军从侧面给以袭击，楚师大败。⑤莫敖采樵以致绞：莫敖，春秋时的楚国官名，即司马。绞，古国名，在今湖北郧县西北。《左传·桓公十二年》载，楚国讨伐绞，驻军于绞之南门。楚莫敖屈瑕说，绞小而寡谋，可用采樵者迷惑他们。遂派30人扮成采樵者混进绞人之中。楚人在北门等待，并在山下设了伏兵。这样，出城的绞人遇到伏兵，逃向北门，正好碰上等在北门的楚兵。岳飞在这里说，屈瑕用采樵者致使绞人逃向北门，这是用智谋，并非靠勇敢。⑥矍然：惊惶四顾的样子。⑦茍冯据要冲：茍，如果。冯，通“凭”，依靠、凭借。要冲，交通要道的形胜之地。⑧挠：阻挠；阻挡。⑨侯兆川：即侯赵川，旧称在河南辉县，“重山四障，险隘天成”。⑩彦壁：王彦的军营。

【译文】

康王赵构回到相州，岳飞借着刘浩的关系见了康王，康王命岳飞前去招降吉倩，吉倩率领380人前来投降。岳飞补为承信郎。率铁骑兵300名前往李固渡试探敌军的虚实，打败了敌人。跟随刘浩解救东京开封之围，与敌军相持在滑南，率领100名骑兵在河边操练。敌兵突然到来，岳飞指挥他的同伴说："敌人虽到，但不知我们的虚实，应当趁着他们还未站稳攻击他们。"于是，单枪匹马冲上前去迎击敌人。一员猛将举刀向前，岳飞斩杀了他，敌兵大败。他被提升为秉义郎，隶属于留守宗泽，在开德、曹州的战斗中都立过功，宗泽认为他是出色的将领，说："论你的勇敢、智慧和才气，古代的优秀将领也超不过你，但是你喜欢不按常规作战，这不是万全之计。"就此将阵图授给岳飞。岳飞说："摆成阵势而后交战，这是兵法的常规，运用得巧妙，全在于专心。"宗泽以为然。

康王赵构即位，岳飞写了数千言的奏章，大意是说："陛下你已登上帝位，国家有了主人，也已充分准备了讨伐敌人的各种策略，而援助朝廷的军队一天天汇聚拢来，对方正把我们说成是向来软弱，正好乘他们懈怠的时候来进攻他们。黄潜善、汪伯颜这些人不能遵照徽钦二帝的意志收复失地，陪伴着车驾一天天地更往南跑，恐怕这样不能维系中原人民的期望。我希望陛下趁着敌人的巢穴还未巩固，亲自率领全军北渡黄河，把将士们的士气振作起来，中原就可以收复了。"高宗收到这道奏章，以越职言事的罪过将他罢官。

他走访了河北招讨使张所，张所像对待国士那样接待了岳飞，暂补他为修武郎，充任中军统领。张所问他道：“你可以抵挡多少人?”岳飞回答：“不能光凭勇猛，用兵在于先制定策略，栾枝用曳柴的计策打败了楚国，莫敖屈瑕用采樵者迷惑绞人并将绞人骗到了北门，这些战例都是智谋所决定的。”张所惊叹地说：“你这个人绝不是兵士队列中的人。”岳飞就此说服张所道：“国家以开封为都城，仗恃着河北地区而得到稳固。假如能够凭借那些交通要道，建立起并肩排开的重镇，一城受困，那么其它各城有的阻敌，有的援救，金兵就不敢窥视河南，京城这块大本营地带也就巩固了。招讨使你真能够率兵临境，岳飞我只听从你一个人的命令。”张所大喜，暂补他为武经郎。

有命让他随王彦渡过黄河，他们走到新乡，就遇上金兵大增，王彦不能前进。岳飞独领张所的部下跟金兵苦战，夺取了敌兵的大旗不断挥动，各军努力争先，于是攻下了新乡。第二天，战于侯兆川，岳飞身受十多处创伤，战士个个拼死战斗，又打败了金兵。夜间驻扎在石门山下，人传金兵又来了，全军都感到害怕，岳飞老老实实地躺着，一动也没动，金兵到底没有来。粮食吃完了，战士们跑到王彦的军营去借粮，王彦不答应。岳飞领兵更向北进，战斗在太行山，活捉了金将拓拔耶乌。过了几天，又跟金兵遭遇，岳飞一人一骑挺起丈八铁枪，刺杀了黑风大王，其他的敌人全都逃跑。岳飞心里明白，他跟王彦有隔阂，就又回到宗泽那里，做为留守司的统制官。宗泽死，杜充代替宗泽的职务，岳飞还做原来的职务。

韩世忠抗金第一功

四年，以建康、镇江、淮东宣抚使驻镇江。是岁，金人与刘豫[1]合兵，分道入侵。帝手札命世忠饬守备，图进取，辞旨恳切。世忠受诏，感泣曰："主忧如此，臣子何以生为！"遂自镇江济师，俾统制解元守高邮，候金步卒；亲提骑兵驻大仪，当敌骑，伐木为栅、自断归路。

会遣魏良臣使金，世忠撤炊爨，绐良臣有诏移屯守江，良臣疾驰去。世忠度良臣已出境，即上马令军中曰："视吾鞭所响。"于是引军次大仪，勒五阵，设伏二十余所，约闻鼓即起击。良臣至金军中，金人问王师动息，具以所见对。聂儿孛堇闻世忠退，喜甚，引兵至江口，距大仪五里；别将挞孛也[2]拥铁骑过五阵东。世忠传小麾鸣鼓，伏兵四起，旗色与金人旗杂出，金军乱，我军迭进。背嵬军各持长斧，上揕入胸，下斫马足，敌被甲陷泥淖，世忠麾劲骑四面蹂躏，人马俱毙，遂擒挞孛也等二百余人。

所遣董旼亦击金人于天长县之鸦口，禽女真四十余人。解元至高邮，遇敌，设水军夹河阵，日合战十三，相拒未决。世忠遣成闵将骑士往援，复大战，俘生女真及千户[③]等。世忠复亲追至淮，金人惊溃，相蹈藉，溺死甚众。

捷闻，群臣入贺，帝曰："世忠忠勇，朕知其必能成功。"沈与求[④]曰："自建炎以来，将士未尝与金人迎敌一战，今世忠连捷以挫其锋，厥功不细。"帝曰："第优赏之。"于是部将董旼、陈桶、解元、呼延通等皆峻擢有差。论者以此举为中兴武功第一。

（《宋史·韩世忠传》）

【注释】

①刘豫：景州阜城（今属河北）人，字彦游，北宋末历任河北提刑等职。②挞孛也：金军将领。③千户：官名，即掌兵千人的武官。④沈与求：德清人，字必先，政和年间进士，宋高宗时累官至御史中丞，迁吏部尚书，兼翰林学士，进知枢密院事。金兵入侵，曾赞成高宗亲征。

【译文】

建炎四年，韩世忠以南京、镇江、淮东宣抚使的身份驻军于镇江。这一年，金人跟刘豫联合军队，并分兵几路入侵宋国。宋高宗下圣旨，命令韩世忠整军守备，谋求进取，词意恳切。

韩世忠接受了诏书。感动得流泪说："皇帝为国事这样忧虑，做臣子的凭什么生存呢?"接着就从镇江渡过了军队，派统制官解元守卫高邮，等待迎击金军的步兵；韩世忠亲率骑兵驻扎在大仪，以抵抗金人的骑兵，他砍伐树木做成栅栏，自己断绝归路。

恰逢朝廷派魏良臣出使金营，韩世忠撤掉了做饭的锅灶，骗魏良臣说，朝廷有诏书，命他们移防长江，魏良臣听了立刻驰去。韩世忠估算了魏良臣出境的时间，立即上马命令部队："注意我马鞭所指的方向。"于是领军驻在大仪，控制了五阵，设下伏兵二十余处，并约定，各处伏兵听到鼓声就立即出击。魏良臣到达金营，金人询问宋军的动静，就把他所见到的事情都告诉了金人。金军聂儿孛堇听说韩世忠退兵，特别高兴，领兵到长江口，距大仪只有五里之遥配合他作战的金军将领挞孛也率领铁骑经过五阵东边。韩世忠传令小校击鼓，伏兵四起，旗色跟金军的旗帜混杂出现，金军混乱，宋军轮番进击。背嵬军战士各持长斧，上刺敌人的胸膛，下砍敌军的马腿。敌人的披甲之士陷在泥潭中，韩世忠指挥着强劲的骑兵四面践踏，连人带马都被击毙，擒获了挞孛也等200多人。

受韩世忠派遣的董旼也在天长县的鸦口袭击了金军，捉到了40多个女真人。解元到高邮，遇上了敌军，他在夹河镇设置了水军，一天战斗13场，双方相持不分胜负。韩世忠派成闵率领骑兵前去援助，再一次大战，俘虏了女真人和千户官等。韩世忠又亲自追赶敌军到淮河，金军惊慌逃散，互相践踏，掉进水里淹死的很多。

捷报传到朝廷后，群臣上朝庆贺，宋高宗说："韩世忠忠诚勇敢，我知道他一定能够成功。"沈与求说："自从改元建炎以来，将士们还从没有跟金兵迎战过一次，现在韩世忠连连取胜，挫败了他们进攻的锋芒，这个功劳不小。"宋高宗说："只有从优奖赏他们。"于是，韩世忠的部将董旼、陈桷、解元、呼延通等都得到不同程度的提拔。谈到这件事的人都把这件事当作使宋朝中兴的第一件大事情。

理　财

泉州官员多私交

杜纯字孝锡，濮州鄄城人，以荫为泉州司法参军[①]。泉有蕃舶[②]之饶，杂货山积。时官于州者私与为市[③]，价十不偿一，惟知州[④]关咏与纯无私买，人亦莫知。后事败[⑤]，狱治多相牵系，独两人无与。咏犹以不察免，且檄参对，纯愤懑[⑥]，陈书使者为讼冤，咏得不坐[⑦]。

（《宋史·杜纯传》）

【注释】

①“以荫”句：荫，指子女因先代官爵而受到封赏。泉州，州名，治所在今福建泉州市，曾为海关交通贸易的重要港口。司法参军，州置官员，主刑法。②蕃舶：指外国商船的贸易。③私与为市：私下经商为自己收买货物。④知州：州之行政长官。⑤败：败露。⑥愤懑：愤慨。⑦不坐：没有治罪。

【译文】

杜纯，字孝锡，濮州鄄城人，因为承袭父亲的爵位做了泉州司法参军。泉州当时同外国海运通商，很富裕，各种货物在这里堆积如山。当时在泉州做官的，很多人都暗暗地同商人交易，为自己收买货物，物品的价钱十不付一。只有知州关咏和杜纯没有私买，人们也不知道他们操守的清白。后来事败，在审理案子中大多数官吏相互牵连，被陷了进去，唯独他们二人没有沾染。但关咏还是因未查究这种不法行为而被免了官，并召他受审。杜纯对这样处理不满，便向使者陈书，为关咏辩冤，才使治关咏罪。

文臣不爱钱　武臣不惜死

家[①]无姬侍。吴玠素服飞，愿与交驩[②]，饰名姝遗之。飞曰："主上宵旰[③]，岂大将安乐时?"却不受，玠益敬服。少豪饮，帝戒之曰："卿异时到河朔，乃可饮。"遂绝不饮。帝初为飞营第，飞辞曰："敌未灭，何以家为?"或问天下何时太平，飞曰："文臣不受钱，武臣不惜死，天下太平矣。"

（《宋史·岳飞传》）

【注释】

①家：指岳飞家。②交驩（huān）：驩同“欢”。交驩，谓结交而取得对方的欢心。③宵旰（gàn）：“宵衣旰食”的省略语，意为天不亮就穿上了衣服，天晚了才吃饭，用以比喻为官勤勉。

【译文】

岳飞家中从没有姬妾陪伴服侍。吴玠平时很佩服岳飞，愿意跟他结交，曾打算把一个修容打扮的美女赠送给他。岳飞坚持拒绝，说：“皇帝每天还宵衣旰食，现在岂是我们大将享受安乐的时候！”吴玠对他更加尊敬佩服。岳飞年轻的时候很能喝酒，皇帝告诫他道：“你将来到了河朔时，再放量饮酒吧！”于是他不再饮酒。皇帝要给他修建房屋，岳飞辞谢说：“敌寇未灭，怎么能考虑家呢？”有人问他天下何时方能太平，岳飞说：“文臣不贪爱金钱，武臣不吝惜生命，天下就太平了！”

宋太祖以俭治国

宫中苇帘，缘[①]用青布；常服之布，澣[②]濯至再。魏国长公主襦[③]饰翠羽，戒勿复用，又教之曰：“汝生长富贵，当念惜福。”见孟昶宝装溺器，摏[④]而碎之，曰："汝以七宝饰此，当以何器贮食？所为如是，不亡何待！"

（《宋史·赵太祖本纪》）

【注释】

①缘：衣边。②濣（huàn）：同"浣"，洗。③襦（rú）：短衣或短袄。④揕（zhèng）：撞。

【译文】

宋太祖宫中挂的苇帘是用青布镶边，日常穿的衣服，总是洗了又洗。魏国长公主短袄上饰有翠鸟的毛羽，他告诫她不要再穿，并教导她说："你生长在富贵之家，应当经常想到珍惜幸福生活。"太祖见到后蜀主孟昶用珠宝装饰的便器，当即把它撞破，说："你用多种珍宝装饰这种东西，那又用什么来装贮食物呢？这样奢侈，怎么可能不亡国呢？"

德 操

王旦不短寇准

寇准数短[①]旦，旦专称准。帝[②]谓旦曰："卿虽称其美，彼专谈卿恶。"旦曰："理因[③]当然。臣在相位久，政事阙失[④]必多。准对陛下无所隐，益见其忠直，此臣所以重[⑤]准也。"帝以是[⑥]愈贤[⑦]旦。中书[⑧]有事送密院[⑨]，违诏格[⑩]，准在密院，以事上闻。旦被责，第[⑪]拜谢，堂吏皆见[⑫]罚。不踰[⑬]月，密院有事送中书，亦违诏格，堂吏欣然呈旦，旦令送还密院。准大惭，见旦曰："同年[⑭]，甚得许[⑮]大度量?"旦不答。寇准罢枢密使，托人私求为使相[⑯]，旦惊曰："将相之任，岂可求耶！吾不受私情。"准深憾之[⑰]，已而除准武胜军节度使，同中书门下平章事，准入见，谢曰："非陛下知臣，安能至此?"帝具道旦所以荐者。准媿[⑱]叹，以为不可及[⑲]。

（《宋史·王旦传》）

【注释】

①短：揭别人的短处。②帝：此处指宋真宗。③因：本来。④阙失：缺点，过失。⑤重：敬重、尊敬。⑤以是：因此。⑦贤：作意动词用，意即“以……为贤”。⑧中书：官署名，即中书省。⑨密院：官署名，即枢密院。⑩格：规格程式。⑪第：只；仅仅。⑫见：被。⑬踰：超过。⑭同年：科举制度同榜的人。⑮许：这样；如许。⑯使相：宋多以节度使等官衔加给事中、中书令等称“使相”，但不干预政事。⑰憾之：怨恨他。⑱媿：同“愧”。⑲及：比得上。

【译文】

寇准屡次指责王旦的过失，可王旦却一直称赞寇准。宋真宗皇帝对王旦说：“你虽然称赞他的美德，可他尽说你的坏话。”王旦说：“按理本应就是这样。我担任宰相的时间长，处理政事时的失误肯定很多。寇准对您无所隐瞒，这就更可看出他是忠心耿耿、正直无私的，这就是我敬重他的原因。”所以宋真宗更加觉得王旦品德高尚。有一次，中书省发文件到枢密院，违反了皇帝规定的格式，寇准此时在枢密院，便把这件事报告了皇上，结果王旦受到斥责，仅仅上朝拜揖谢罪了事，而中书省的值班官吏却都受到了处分。事后还不到一个月，枢密院有公文送到中书省，也违反了皇上规定的格式。值班官一见，便高高兴兴地送给王旦看，王旦立即下令将那文件送还枢密院。寇准深感惭愧，见到王旦就说：“同年，你的度量怎么这么大?”王旦对此不作回答。寇准被免去枢密使后，托人向王旦请求作使相，王旦惊讶地说：“将相的职位，难道是可以随便求取的吗！我不接受私人请求。”寇准因此对他十分怨恨。不久，寇准被授予武胜军节度使、同中书门下平章事。寇准入朝拜谢皇上说：“要不是陛下了解我，我怎能到今天这地步?”宋真宗把王旦推荐的事一一说了出来。寇准又惭愧又赞叹，自认为赶不上他。

刘居正严于教子

刘挚①字莘老，永静东光人。儿时，父居正课②以书，朝夕不少间。或谓：“君止一子，独不可少宽③邪?”居正曰：“正以一子，不可纵④也。”

（《宋史·刘挚传》）

【注释】

①刘挚：字莘老，河北东光人。宋哲宗时，官至中书侍郎，门下侍郎，尚书右仆射。②课：按规定的内容或份量学习或教授。③少宽：稍稍放宽。④纵：放纵。

【译文】

刘挚，字莘老，永静东光人。童年时，父亲刘居正让他读书学习，从早到晚不曾放纵他。有人对刘居正说："你只有一个儿子，难道就不能稍稍放松一些吗？"刘居正答道："正因为我只有一个儿子，才不可听之任之啊。"

传世故事

宋太祖赏罚分明

宋乾德二年（964），宋太祖赵匡胤下令从水陆两路征伐后蜀。陆路领兵者为忠武节度使王全斌，武信节度使崔彦进为副，枢密副使王仁赡为都监；水路领兵者为宁江节度使刘廷让，枢密承者曹彬为都监。陆路经栈道入川，水路则溯长江西上。蜀主孟昶听说宋军来犯，便任王昭远领兵拒敌。王昭远向来自负，以为自己胸有韬略。离成都时，宰相李昊（hào）为他饯行，他手执铁如意，自比诸葛亮，于酒酣耳热之际，撸胳膊挽袖子地对李昊说道："我此行岂止是战败宋军，我要率领这二三万雕面恶少儿，轻轻松松地直取中原！"

可是，仗一打起来，情形却与王昭远恰好相反，宋军节节胜利，蜀军连连败北。王昭远在剑州一役为王全斌活捉，后蜀的后续部队元帅孟元喆（同哲）落荒而逃，最后，蜀主孟昶不得不递上了降表。从王全斌等离开宋都至孟昶俯首投降，前后只用了六十六天时间。

水陆两支宋军在征讨蜀国的过程中，表现了不同的军纪。水路军兵发夔州，每过一城，诸将都想大开杀戒，都监曹彬予以坚决的制止，因此，这一路军所过之处“始终秋毫无犯”。陆路军却相反，王全斌等入成都后，日夜饮酒作乐，不管军务，纵容士兵抢掠蜀人子女、钱财。太祖诏命投降的蜀兵赴京，并予优待，给以路费，王全斌等却擅自减少了路费的金额，并纵任部下大加侵掠，结果逼得蜀兵起而反抗。

乾德五年（976），后蜀的臣民赴京诣阙告御状，揭发了王全斌、王仁赡、崔彦进等人破蜀时的种种不法行径。于是，太祖把诸将同时叫了回来。王仁赡先朝见太祖，太祖询问他时，他为解脱自己，历数了诸将的过失。太祖气愤地追问他：“难道你索取李廷珪的妓女，开丰德库贪污金宝，也是别人干的吗？”他被问得惶恐不知所对。经过查证，王全斌等三人共索要、收取、贪污六十四万六千八百余贯钱，而蜀宫珍宝及外府另藏不在簿记的还不包括在内。另外，擅自克扣蜀兵路费、屠杀降兵以致反叛的罪状也一并算在三人的头上。三人在事实面前都承认无误。于是，太祖命御史台召集百官，于朝堂上议定三人该当何罪，百官都说应判三人死刑。太祖念三人有灭蜀大功，特准将功折罪，免于一死，但予以贬官的处分。以王全斌为崇义军留后，崔彦进为昭化军留后，免去王仁赡枢密副使一职，降为右卫大将军。

王仁赡在历数诸将过失时曾说：“清廉谨慎，未辜负陛下任使的，只有曹彬一人。”太祖也早已听到过曹彬监军守法的事迹，因此提升他为宣徽南院使兼义成节度使，并给予特别优厚的赏赐。曹彬入朝时推辞道：“诸将都获罪，臣独受赏，臣深感不安。”太祖说道：“你有功劳无过错，又不自我吹嘘。如果你哪怕有一丝一毫的过失，王仁赡岂肯为你隐瞒。奖善惩恶乃是国家的常典，你就不要推辞了。”

（《宋史·太祖纪》、《宋史·王全斌传》等）

王安石用人不当

吕惠卿，字吉甫，泉州晋江人。吕惠卿因中进士而被起用为真州（今江苏仪征、六合境内）推官（掌勘问刑狱的佐僚之官），他任期满后回京述职，遇到王安石。与王安石讨论史书经义，意见大多一致，于是成为至交。

宋神宗熙宁年间，王安石受命进行变法革新，吕惠卿那时正在集贤馆编修书籍，王安石竭力推荐起用吕惠卿，他在皇帝面前说：“吕惠卿的贤能，岂止是今天当世，即使是前代的诸儒也不能与他相比。研学先王之道又能在实际中运用的，只有吕惠卿一个人做得到。”后来王安石的新政中设置有三司条例司，就安排吕惠卿在其中处理文书条令事宜。王安石事无巨细都要与他商议，凡是新政变法中所拟定的章奏法令，都是出自吕惠卿的手笔。他也因此而升迁为太子中允、崇政殿说书、集贤校理等职。

王安石的政敌司马光上书说："吕惠卿投机取巧，不算君子，王安石被大家指责的事情都是他干的。王安石贤明但刚愎自用，不懂时务，吕惠卿为他出谋，王安石就去实行，所以天下人都指责他为奸邪。他们任用熟人不按吏治常规，很不得人心。"神宗皇帝说："吕惠卿奏对明辨而有条理，看样子是个俊才。"司马光说："他确实善于文学论辩，但是心术不正，希望陛下慢慢观察他。"皇帝默然不语。司马光又给王安石写信说："谄谀献媚的人，现在对公确实十分顺耳舒心，但一旦公失势，他必定将会出卖公而求自己腾达。"王安石很不高兴。

那时正好吕惠卿丧父，他服丧在天章阁修起居注（古代帝王的言行录），参与制定诏诰，与王安石的儿子王雱（páng），一起修定《三经新义》。王安石改革遇到阻力，请求辞职，吕惠卿就指使他的同党改变姓名每天上书挽留王安石。王安石便向皇帝力荐吕惠卿做参知政事（副宰相）。吕惠卿担心王安石下台后新政动摇，便命令所有的监司、郡守百官上书陈述变法的利害，又怂恿神宗皇帝下诏书，不许因为部分官吏执法不严而废止新法。所以王安石的变法新政，就维持得更加稳固了。他还曾经提议停止科举取士，受到冯京的据理力争而没能通过。

郑侠上书说吕惠卿结党相护，冯京是他的死对头，王安石的弟弟王安国曾经痛恨他的谄媚奸佞而当面侮辱他，于是便陷害这三个人，使他们都获罪。王安石因为其弟安国的原因，开始与吕惠卿有矛盾。吕惠卿背叛王安石之后，凡是可以害王氏一家的事他都干了。韩绛做宰相制服不了他，便上书请求重新起用王安石，王安石复职后仍与他共事。

王安石原为相执政时，吕惠卿竭力谄媚迎合，到他执掌政权，王安石罢相之后，他就极力排斥王安石及其同僚，甚至把王安石的私人书信都翻出来作为证据。王安石后来罢官退居金陵（今南京），经常信手写“福建子”（吕惠卿为福建泉州人）三个字，大概深深后悔引用吕惠卿而又被他所误。后来章𫍯、曾布、蔡京等人当朝，都厌恶吕惠卿的为人，不敢再起用他。

（《宋史·吕惠卿传》）

欧阳修论朋党

北宋仁宗时期，增设谏官，选用天下名士，欧阳修首在选中。每次朝见，仁宗都要向他延问时政，咨询当前所当行的时务。在他们的伸张之下，小人难以进用。欧阳修担忧忠善之士最终必定受挫，因此多次向皇帝申言辨别君子小人。

当时，范仲淹被贬到饶州（治所在今江西波阳），在朝的廷臣都议论要赦免他，只有司谏高若讷认为范仲淹应当被黜。欧阳修写信斥责他，说他不知羞耻事。高若讷把他的信拿去上告，欧阳修因此也被贬为夷陵（今湖北宜昌）县令。后来范仲淹出使陕西，欧阳修为他送行，说：“我那时的举动，岂是为了自己的私利吗？君子不能同进，却是可以同退的。”后来欧阳修也复官了。

范仲淹被贬，欧阳修与尹洙、余靖等都因为同情范仲淹而被贬官逐出，他们被当时看作是“党人”。从此，朝廷上兴起一股反对朋党的舆论，对此，欧阳修而做了一篇《朋党论》进献给皇帝，大意是：

“臣听说关于朋党的议论，自古就有，只是希望国君辨明是君子的朋党还是小人的朋党。君子与君子因志同道合而结成朋党，小人与小人因私利相投而结成朋党，这是自然的道理。但臣认为小人与小人间没有朋党，只有君子之间才有朋党。因为小人所喜好的是地位和私利，所贪图的是钱财，当他们利益相同时，暂时相互勾结引以为朋党；一旦见到利益他们就会争先恐后，等到利益完了之后又相互残害，即使是兄弟亲戚之间也不能相保。所以说小人没有朋党。而君子之间则不是这样，他们所坚守的是道义，所奉行的是忠信，所爱惜的是名节。用这一原则来修身，就会同道相助；用此原则治理国家，就会同心共济，始终如一。所以说只有君子才有朋党。作为君主的，只要贬退小人的假朋党，重用君子的真朋党，天下就可以太平了。在前代君主中，商纣有亿万个臣子，就有亿万颗心，可算是没有朋党了，但商纣却因此而亡；周武王有三千臣子，他们都同心一致，可以算得上大朋党了，但周武王用他们却导致国家兴盛。所以说君子的真朋党再多也不会满足。……这些国家

兴衰、太平动乱的历史事迹，当国君的应当引以为鉴。”

欧阳修论事深刻而切中要害，被许多人所忌恨，而皇帝却奖励他敢于直言，当面赐给他五品官服，对身边侍臣说：“像欧阳修这样的人，到哪里寻得到？”

（《宋史·欧阳修传》）

苏轼为民造福

苏轼字子瞻，自号东坡，有时也自称东坡居士。他不但是一位了不起的文学家，而且还是一位忧国忧民的“父母官”。为官期间，他总想造福于民，苏堤就是他在这方面的一个杰作。

苏轼是一个很矛盾的人物。他曾经热心于改革变法，但又对变法的某些方面表示反对；他后来倒向了保守派反对变法，但又对他们的某些倒行逆施不满。比如，变法派实行免役法，是针对保守派坚持的差役法而来的。而苏轼却既指责免役法，又指责差役法。他说：“免役之害，掊敛民财，十室九空，敛聚于上而下有钱荒之患；差役之害，民常在官，不得专利于农，而贪吏猾胥得缘为奸。”差役法是让百姓出徭役，结果造成长年在外为官家干活，荒废了农业生产，农民苦不堪言。他也看到了贪官污吏从中为奸，更加重了农民的负担。而免役法是让百姓出钱代替出工，以期解决差役法的这些弊端。但他又指责这是“掊敛民财”，如果让贪官污吏来主持这件事，苏轼说的情况是可能出现的，但它代表不了新法的全部情况。他还说免役法造成了“十室九空”，就夸大了新法的缺点方面。

正因为如此，当变法派得势的时候，他受到排斥；当保守派当权的时候，他又受到迫害。但他在为官的时候，对变法派一些于民有利的措施，还是认真执行的，并且，他总是把百姓的疾苦放在心里。

哲宗元祐四年（1089），苏轼被贬为杭州知州。到任后，便发现这里大旱，“饥疫并作”，百姓出现粮荒和瘟疫。他立即上书朝廷，要求免除本路应上缴的粮食的三分之一，获得批准，减轻了农民的一部分负担。

苏轼说，杭州是一个水陆交汇的地方，因此灾害和瘟疫都比较多。他从自己家中拿出二千缗钱和五十两黄金，设立了一个药房，并且还准备一些粮食，专等饥民来求医。

南宋以后，杭州成了一个大都会。而此之前，那里还是很荒凉的。因为那里近海，地下的泉水都是咸苦的。唐朝有一位刺史李泌引西湖水，凿成六口井，百姓才喝到淡水。白居易修白堤，疏浚西湖，引湖水入漕河（即大运河），再从漕河引水灌田千顷。从此，那里的百姓逐渐富裕起来。后来，官府经常疏浚西湖和这里的河道，使这一带保持了富庶。

宋朝开国以后，这里的水利工程逐渐失修，漕河淤塞水浅，三年就得挖一次，不然就无法行船，成了百姓的一项长期负担。西湖浅滩也长满了“葑”，是一种类似茭白的水草，这些水草死后化为泥土，称为“葑田”，使湖面越来越小。据当时统计，这样的“葑田”有“二十五万余丈”，湖面已经所剩无几。当年的六井也差不多淤废了。

为了解决这些问题，苏轼开凿了两条河，让漕河有足够的水以通航运，还修一条大堤挡住海潮，使潮水不再灌入市内，又挖深了六井。最大的工程是在湖中的葑田上取土，造成一条三十里长的大堤，一是使湖水加深，扩大了湖面，又在堤上形成一条大道，方便了行人。这就是现在的苏堤，当时被称为“苏公堤”。为了解决水草淤塞，一是让在这里种菱的农民，每年收获后把残根等除尽，再一个是雇人在湖上种菱。

因此，很长一段时间，杭州的百姓几乎家家挂着他的画像，连吃饭的时候也要去祝颂几句。还有人为他修了生祠，就是活着的时候为他修的庙。可见那里的人民对他的感情。

苏轼修了大堤，使西湖免于淤塞。有了西湖，才有了以后天下闻名的杭州和富庶的杭州。如果西湖被淤塞，今天杭州会是什么样子，真难以想象。

（《宋史·苏轼传》等）

人物春秋

澶渊之盟　功不可没——寇准

寇准，字平仲，华州下邽人。寇准年少时英俊超迈，通晓《春秋》三传，十九岁，参加进士考试。宋太宗选拔人才，多至殿前考问，太年轻的人经常不用。有人教寇准增加年龄，他回答说："我刚开始进取，怎可欺骗皇帝呀？"后来考中，授任大理评事，归州巴东、大名府成安两县县令。每逢定期征收赋役，没有立即出示官符文书，只是把乡里人的姓名贴在县城门口，百姓们都不敢延期。积官升至殿中丞、郓州通判。召试学士院，授为右正言、直史馆，任三司度支推官，转任盐铁判官。正逢朝廷诏令百官谈论政事，寇准极力陈述利弊，太宗更加器重他。升为尚书虞部郎中、枢密院直学士，判吏部东铨。一次在殿中奏事，言语不合皇帝的心意，太宗发怒起身要走，寇准立即拉住太宗的衣服，让他重新坐下，等事情决定后太宗才退下。太宗从此对他倍加赞赏，说："我得寇准，如同唐太宗得到魏征一样。"

淳化二年春，天气大旱，太宗延请近臣询问时政得失，众人都说是自然现象。寇准答道："《洪范》讲天人之间，相互感应，十分灵验；之所以出现严重旱灾，是因为刑政有不公平的地方啊。"太宗发怒，起身回宫。片刻后，又召寇准问有什么不公平的地方，寇准说："请陛下把二府的大臣召来，我马上就说。"太宗下诏召二府大臣入宫，寇准于是说："前不久祖吉、王淮都枉法受贿，祖吉收受的赃物较少却被处死，王淮因为是参知政事王沔的兄弟，所以虽然贪污了自己主管的钱财上千万，只被处以杖刑，并且仍然恢复他的官职，这不是不公平又是什么呢?"太宗责问王沔有无此事，王沔叩头谢罪，于是太宗严厉斥责王沔，并知道寇准可资重用。随即任命寇准为左谏议大夫、枢密副使，又改任同知枢密院事。

寇准与知枢密院事张逊多次在朝中争论政事。有一天，寇准与温仲舒同行，在路上碰到一个疯子迎着他的坐骑直呼太岁。判左金吾王宾与张逊关系极好，张逊指使他揭发这件事情。寇准拉温仲舒做证，张逊则让王宾单独上奏，言辞严厉，并且互相指责对方的缺点。太宗大怒，贬斥张逊，寇准也被罢为青州知州。

太宗很看重寇准，寇准离京赴任后，常常想念他，心中不乐。他对左右大臣说："寇准在青州高兴吗?"大臣回答说："寇准去的是条件好的州郡，应该不会有什么痛苦。"几天后，太宗又重新发问。左右大臣猜想太宗将再次召用寇准，因而对答道："陛下想着寇准，一刻也不能忘怀，听说寇准每天酗酒，不知道是不是也想念陛下。"太宗沉默无语。第二年，召拜寇准为参知政事。

唐末以来，外族民户有在渭南居住的，温仲舒任秦州知州，将他们驱赶到渭北，并且树立堡垒栅栏来限制他们的行动。太宗看了奏疏心中不悦，说："古时羌戎尚杂处伊、洛一带，那些外族人喜欢移动不喜欢安定，一旦调遣，将重新困扰我关中地区了。"寇准说："唐朝的宋羡不奖赏边境战功，终于导致开元年间的太平安宁。边境的武臣求取功劳而招来祸患，深可鉴戒。"太宗于是令寇准出使渭北，安抚那些外族民户，把温仲舒调到凤翔府。

至道元年，加官为给事中。当时太宗在位已久，冯拯等人上奏请求立皇太子，太宗大怒，把他们贬斥到岭南，朝廷内外没有人再敢谈论此事。寇准刚从青州被召回朝廷，入宫拜见，太宗的脚伤厉害，亲自撩起衣服给寇准看，并且说："你来得怎么这样迟缓?"寇准答道："不是陛下亲召，我无法来京师。"太宗说："谁可以继承皇位?"寇准说："陛下为天下选择君主，与妇人、宦官商议，不可以，与近臣商议，也不可以；只能由陛下亲自选择符合天下人心愿的。"太宗低头良久，屏退左右的人说："襄王行吗?"寇准说："知子莫如做父亲的，陛下既然认为可以，希望就此确定下来。"太宗于是以襄王为开封府府尹，改封寿王，立为皇太子。太子拜谒太庙后回宫，京师里的人都欢欣跳跃，说："真是少年天子啊！"太宗听后不高兴，召见寇准对他说："人心这样快就归附太子，想把我放在什么位置？"寇准再拜祝贺道："这真是国家社稷的福份啊！"太宗回宫对后妃们讲，宫中之人都前来祝贺。太宗再次出来，请寇准喝酒，大醉而罢。

至道二年，祭祀南郊，内外官员都晋升官秩。寇准喜欢的人多获得台省清要之官，不喜欢的和不认识的都排在后面进升。彭惟节的官位一直在冯拯之下，冯拯转为虞部员外郎，彭惟节转为屯田员外郎，章奏上面排列官衔，彭惟节还是在冯拯之下。寇准大怒，以政事堂文书警告冯拯不要扰乱朝廷制度。冯拯愤怒，说寇准专权，又上章揭发岭南官吏除拜不公平等几件事。广东转运使康戬也说："吕端、张洎、李昌龄都是寇准引荐的，吕端对他感恩戴德、张洎对他曲意奉承，而李昌龄则畏惧害怕，不敢跟寇准抗争，所以寇准得以随心所欲、破坏朝廷典制。"太宗发怒，寇准刚好正在主持祭祀太庙，太宗把吕端等人召来加以斥责。吕端说："寇准刚愎自用，我们不想多跟他争论，是担心这样会有伤国家体统。"因而再拜请罪。等到寇准入朝应对，太宗跟他讲起冯拯的事情，寇准为自己辩护。太宗说："你在朝廷上争辩，有失执政官的体统。"寇准还是竭力不停地争辩，又拿着中书门下的文书在太宗面前争论是非曲直，太宗更加不高兴，因而叹息道："鼠雀还能知道人意，何况是人呢？"于是罢寇准，让他出任邓州知州。

真宗即位，寇准升为尚书工部侍郎。咸平初年，移为河阳府知府，改任同州知州。咸平三年，到京师朝见，走到阌乡，又移任凤翔府。真宗巡幸大名府，诏寇准前往皇帝住所，升刑部，任代理开封知府。咸平六年，升兵部，任三司使。当时将盐铁、度支、户部三使合为一使，真宗命令寇准裁定制度，于是以六名判官分掌三司事务，繁简这才适中。

真宗早就想任命寇准为宰相，担心他刚毅直率难以独任。景德元年，任命毕士安为参知政事，过了一个月，都被任命为同中书门下平章事，寇准以集贤殿大学士位居毕士安之下。

当时，契丹入侵，派流动的骑兵在深州、祁州一带抢劫掠夺，稍有不利立即退走，往来自如没有斗意。寇准说："这是想让我们习以为常而不加注意。请陛下训练部队任命将领，挑选精锐部队扼守要害之地以防备敌人。"这年冬天，契丹果然大举入侵。告急的文书一夜之间送来五次，寇准全部扣下，照常饮酒说笑。第二天，同僚们告诉真宗，真宗大为惊恐，向寇准责问此事。寇准说："陛下想要了结此事，用不着五天的时间。"于是请真宗驾幸澶州。同僚们都很害怕，想要退下，寇准把他们拦住，让他们等待真宗起驾。真宗认为难以办到，想要回宫。寇准说："陛下回宫则我不能与陛下相见，那大事就完了，请陛下不要回宫，准备起程。"真宗这才商议亲征之事，召集群臣询问方略。

不久，契丹包围瀛州，直趋贝州、魏州，朝廷内外震惊恐惧。参知政事王钦若是江南人，请真宗巡幸金陵；陈尧叟是四川人，请求真宗驾幸成都。真宗询问寇准，寇准心知二人打算，却假装不知，说：“谁为陛下出的这种计策，罪该处死。如今陛下神明英武，将帅团结一致，如果御驾亲征，敌寇自然会逃走的。不然的话，可以出奇兵打乱敌人的阴谋，坚持防守以使敌军疲乏困顿，以逸待劳，稳操胜券。为什么要抛弃宗庙社稷，巡幸楚、蜀遥远之地，使所到之处人心崩溃，敌人乘势长驱深入，天下还能保得住吗?”于是请求真宗巡幸澶州。

到了澶州，契丹兵势正盛，众人请真宗停下来暗观战斗形势。寇准坚决请求道：“陛下如果不渡过黄河，那么人心危急，敌军士气则没有受到震慑，这不是树立神威、争取胜利的做法。况且王超率领精兵屯驻在中山府以扼制敌人的咽喉部位，李继隆、石保吉分兵布阵以扼制敌人的左右肘臂，各地征战镇守的部队每天都有赶来援助的，为什么还有顾忌而不敢进呢?”众人都很畏惧，寇准力争，事情决定不下来。出来在照壁间碰到高琼，寇准对他说：“太尉你蒙受国恩，今天有用来回报的吗?”高琼答道：“我是一介武夫，愿以死效国。”寇准再次进去奏对，高琼跟随其后站在庭下，寇准厉声说道：“陛下对我的话不以为然，何不试着问问高琼等人。”高琼随即抬头奏道：“寇准的话是对的。”寇准说：“机不可失，陛下应当赶紧起驾。”高琼随即指挥卫士把御辇搬了进来，真宗于是渡过黄河，来到北城门楼，远近将士看见皇帝御盖，欢呼雀跃。契丹人面面相觑，惊愕惶恐，队列难成。

真宗将军务全部委托给寇准，寇准禀承皇帝的旨意，专心决断，士兵喜悦。敌军骑兵几千人乘胜进逼城下，真宗诏令士兵迎战，杀敌大半，敌骑这才撤退。真宗回行宫，留寇准在城上，慢慢派人去看寇准在干什么，寇准正和杨亿饮酒赌博，唱歌说笑，欢快呼叫。真宗高兴地说道："寇准这样，我还有什么可担心的呢?"相持十几天，契丹统军挞览出阵督战。当时威虎军军头张环守着床子弩，按弩发射，箭射中挞览前额，挞览死后，契丹暗中送来书信，请求结盟。寇准不答应，而契丹使者请和的态度更加坚决，真宗将要答应他。寇准想让契丹使者向宋称臣，并且献来幽州之地。真宗对打仗已经厌倦，只想把契丹笼络住、不断绝关系而已。有人诬陷寇准利用打仗以自重，寇准不得已答应契丹使者的请求。真宗派曹利用到契丹军营中商讨岁币之事，说："数目在百万以下都可以答应。"寇准把曹利用召到帐篷里，对他说："虽然有皇帝的敕令，你所答应的数目不准超过三十万，超过三十万，我杀了你。"曹利用到达契丹军营，果然以三十万订立和约归来。河北停止用兵，都是寇准出的力。

寇准当宰相，用人不按官位次序，同僚们很不高兴。几天后，又要选授官职，同僚让堂吏持着条例文书而进。寇准说："宰相的职责在于进用贤人、罢黜不肖之徒，假如按照条例，只不过是堂吏的职能罢了。"景德二年，加授寇准为中书侍郎兼工部尚书。寇准对自己在澶渊之盟中的功劳十分自傲，真宗也因此对他十分优待。王钦若非常嫉妒。一天会朝，寇准先退，真宗目送他离去，王钦若趁机进奏道：“陛下敬重寇准，是因为他对国家有功吗？”真宗说：“是的。”王钦若说：“澶渊之战，陛下不以为耻辱，反而认为寇准有功于社稷，为什么呢？”真宗吃惊道：“这是什么缘故？”王钦若说：“敌军兵临城下而被迫订立盟约，《春秋》认为这是耻辱；澶渊之举，就是城下之盟啊，以陛下至高无上的尊贵而签订城下之盟，还有什么耻辱能与之相比呢？”真宗脸色大变，很不高兴。王钦若又说：“陛下听说过赌博吗？赌博的人钱快输光了，于是把自己的所有财物都拿出来，称为孤注。陛下成了寇准赌博的孤注，这也太危险了。”

从此真宗对寇准的礼遇日渐减少。第二年，罢寇准为刑部尚书、陕州知州，于是任命王旦为宰相。真宗对王旦说：“寇准用官职许诺给别人，把它看作是自己的恩赐。等你做了宰相，一定要引以为戒。”跟随真宗封禅泰山，升为户部尚书、知天雄军。真宗祭祀汾阴，任命寇准为提举贝、德、博、洺、滨、棣巡检捉贼公事，升兵部尚书，入判尚书省。真宗巡幸亳州，命寇准权东京留守，任枢密使、同平章；事。

林特任三司使，因河北每年所交纳的绢帛空缺，催得很急。而寇准向来不喜林特，极力支持河北转运使李士衡，并且讲在魏州时曾进交河北绢五万匹而三司不接收，所以才出现空缺。

但京师每年要消耗绢百万匹，寇准所助交的才五万匹。真宗不高兴，对王旦说："寇准刚强愤激的性格如同往前。"王旦说："寇准喜欢别人记住他的好处，又想让别人害怕他，这都是大臣应当回避的；而寇准却专门这样做，这是他的缺点。"不久，罢寇准为武胜军节度使、同平章事、判河南府。又移任永兴军。

天禧元年，寇准改任山南东道节度使，当时巡检官朱能协同内侍都知周怀政伪造天书，真宗向王旦询问此事。王旦说："当初不相信天书的是寇准。如今天书降下，必须让寇准呈上来。"寇准跟着进呈天书，朝廷内外都觉不对。于是拜寇准为中书侍郎兼吏部尚书、同平章事、景灵宫使。

天禧三年，祭祀南郊，寇准升为尚书右仆射、集贤殿大学士。当时真宗得了中风，刘太后在宫内参预大政，寇准秘奏道："皇太子是人心所向，希望陛下以宗庙社稷为重，把皇位传给他，选择正派的大臣辅佐他。丁谓、钱惟演，都是巧言谄媚之徒，不能让他们辅佐太子。"真宗深以为然。寇准暗中命令翰林学士杨亿起草奏章，请求皇太子监国，并且想拉杨亿共同辅政。随后图谋败露，寇准被罢为太子太傅，封莱国公。当时周怀政坐卧不安，担心获罪，于是阴谋杀害大臣，请求停止刘皇后参预政事，奉真宗为太上皇，把帝位传给太子，并且重新任命寇准为宰相。客省使杨崇勋等人将此事告诉丁谓，丁谓穿便服、乘牛车连夜去找曹利用商议对策，次日将此事上报朝廷。于是处死周怀政，寇准被降为太常卿、相州知州，移安州，又贬为道州司马。真宗起初并不知晓，几天后，问左右大臣说：“我好久没有看到寇准，这是怎么回事？”左右大臣都不敢回答。真宗去世时也讲只有寇准和李迪可以托付大事，对寇准重视和信任到这种程度。

乾兴元年，寇准再被贬为雷州司户参军。当初，丁谓出于寇准门下而当上参知政事，侍奉寇准十分谨慎。一次在政事堂会餐，饭羹玷污了寇准的胡须，丁谓起身，慢慢为寇准拂拭干净，寇准笑道：“参知政事是国家重臣，怎么替长官拂起胡子来啦？”丁谓十分羞愧，于是对寇准倾轧排挤得越来越厉害。等到寇准被贬没有多长时间，丁谓也被流放到南方，经过雷州时，寇准派人带了一只蒸羊在境上迎接。丁谓想见寇准，寇准拒绝。听说家僮想要趁机报仇，寇准就把家门关上，让他们纵情赌博，不让他们出去，等丁谓走远了，方才停止。

仁宗天圣元年，移任衡州司马。当初，太宗曾获得通天犀，命工匠做成两条腰带，一条赐给寇准。这时，寇准派人从洛中取回来，几天之后，寇准沐浴全身，穿上官服和腰带，向北方跪拜两次，喊左右仆人搬好床具，躺在床上去世。

起初，张咏在成都，听说寇准入朝当了宰相，对自己的部属说：“寇公是个奇才，可惜学问不够。”等寇准出任陕州知州，张咏刚好从成都离任归来，寇准精心安置供帐，盛情招待张咏。张咏将离，寇准把他送到郊外，问道：“您以什么来教导我呢？”张咏慢慢说道：“《霍光传》不可不读啊。”寇准不明其含义，回来后取出《霍光传》阅读，读到“不学无术”，寇准笑道：“张公在说我呢！”

寇准年轻就已经富贵，性格豪爽奢侈，喜欢狂饮，每次宴请宾客，都关上门户，卸下车马，尽欢而散。家里从来没有点过油灯，即使是厨房厕所，也必定燃用勅蜡烛。

在雷州一年多。去世之后，衡州的任命才到，于是归葬西京。过荆南公安时，县里百姓都在路边设祭哀哭，把竹枝折断插在地上，挂满纸钱，过了一月再看，枯竹都生出了新笋。众人因而为寇准建立庙宇，每年供奉。寇准没有儿子，以侄儿寇随为继承人。寇准死后十一年，朝廷恢复他为太子太傅，赠中书令、莱国公，以后又赐谥号为“忠愍”。皇佑四年，诏翰林学士孙抃撰写神道碑，仁宗亲自书写篆首，为“旌忠”。